COMITÉ INTERNATIONAL DE LA CROIX-ROUGE

DOCUMENTS

PUBLIÉS A L'OCCASION DE LA

GUERRE EUROPÉENNE

(1914-1917)

RAPPORTS

de MM. le Dr F. BLANCHOD, F. THORMEYER & Em. SCHOCH
sur leur inspection des camps de prisonniers turcs
en France, en Corse et en Egypte
Décembre 1916 et Janvier 1917

TREIZIÈME SÉRIE

Mars 1917

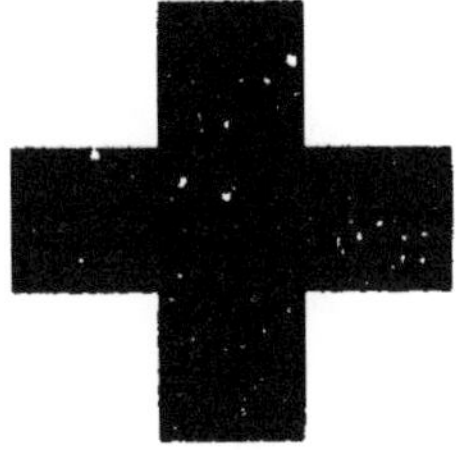

INTER ARMA CARITAS

GENÈVE
LIBRAIRIE GEORG & Cie
Maisons à Bâle et à Lyon

PARIS
LIBRAIRIE FISCHBACHER
33, rue de Seine

DOCUMENTS

publiés à l'occasion de la

GUERRE EUROPÉENNE

1914-1917

COMITÉ INTERNATIONAL DE LA CROIX-ROUGE

DOCUMENTS

PUBLIÉS A L'OCCASION DE LA

GUERRE EUROPÉENNE

(1914-1917)

RAPPORTS

de MM. le Dr F. BLANCHOD, F. THORMEYER & Em. SCHOCH
sur leur inspection des camps de prisonniers turcs
en France, en Corse et en Egypte
Décembre 1916 et Janvier 1917

TREIZIÈME SÉRIE

Mars 1917

INTER ARMA CARITAS

GENÈVE
LIBRAIRIE GEORG & Cie
Maisons à Bâle et à Lyon

PARIS
LIBRAIRIE FISCHBACHER
33, rue de Seine

IMPRIMERIE DU JOURNAL DE GENÈVE, RUE GÉNÉRAL-DUFOUR

I

RAPPORT

sur la visite aux camps de prisonniers turcs en France en Décembre 1916.

Introduction

Autorisés à visiter les camps de prisonniers turcs en France par lettre du 23 novembre 1916 de l'Ambassade de la République française en Suisse, et par dépêche ministérielle du 1er décembre 1916, nous sommes arrivés à Béziers (dép. de l'Hérault) le 5 décembre 1916.

Les prisonniers turcs en France, que le Comité international de la Croix-Rouge nous chargea d'inspecter, ont séjourné à Moudros (Iles Ioniennes) pendant un temps variant de 1 à 10 mois, puis en Corse pendant trois mois ; ils sont arrivés le 19 mai 1916 dans le midi de la France, pour être occupés aux travaux des champs et de la vigne. En été 1916, ils furent répartis dans le Gard, dans l'Aveyron, dans l'Hérault, dans le Tarn et dans l'Aude. Actuellement, pour des raisons de simplification administrative, ils sont exclusivement cantonnés dans les départements de l'Hérault et de l'Aude. — Un détachement de 150 prisonniers turcs est encore en Corse.

Après avoir inspecté le dépôt central des prisonniers turcs à la caserne de Marossan à Béziers, nous avons été voir les prisonniers au travail dans les fermes de Boujeau, du Mas du Ministre, de Pradelonne et de La Motte. Nous avons eu la liberté la plus complète de nous entretenir avec les prisonniers, de prendre des photographies, de distribuer des dons.

Dans chaque détachement, nous avons trouvé un prisonnier turc parlant suffisamment le français pour servir d'intermédiaire entre les soldats de garde et les prisonniers ; nous avons pu par lui obtenir des renseignements de première main, sans passer par les interprètes du camp.

Nous exprimons nos remerciements à M. le colonel Vigogne, inspecteur de la XVIme région, et aux officiers qui mirent la plus parfaite amabilité à nous faciliter notre tâche.

1. Dépôt central de Béziers
(Département de l'Hérault)

Visité le 5 décembre 1916.

Ce camp compte un effectif de 644 prisonniers ottomans, se décomposant comme suit :

20 sous-officiers.
612 soldats.
3 sanitaires.
1 iman.

Il n'y a ni officier, ni médecin turc. Tous ces prisonniers sont militaires, sauf deux civils, mobilisés en Turquie comme garde des voies de communication.

En ce moment, 30 prisonniers seulement sont au dépôt central de Béziers, tous les autres sont sur les chantiers de travail agricole ou viticole ; aucun prisonnier n'est employé à des travaux concernant directement ou indirectement l'armée.

L'inspection générale des prisonniers de la région est

confiée au colonel Vigogne, résidant à Montpellier; le capitaine Bastien commande le dépôt.

Le caporal Wagner, avant la guerre employé de la Banque ottomane à Constantinople, et le sergent Tullian, frère des écoles chrétiennes à Angora, Turquie d'Asie, servent d'interprètes. Dans le camp, les ordres sont affichés en français et en turc.

Habitation. Le dépôt central des prisonniers de guerre ottomans à Béziers est installé dans la caserne de Marossan, située à un kilomètre environ de la ville. Les bâtiments de cette caserne sont de construction toute récente et n'avaient pas encore été utilisés par la troupe française. Ce sont des corps de bâtiments sans étages, disposés sur les côtés d'une vaste cour carrée, construits en pierre et en béton sur un socle surélevé de 50 centimètres au-dessus du sol. L'intérieur de chaque bâtiment comporte plusieurs chambrées, ouvrant sur un large corridor. Les dimensions des chambrées sont grandes et fournissent un cube d'air amplement suffisant. Les fenêtres ont en général 2 mètres de hauteur sur 1,20 de largeur et assurent un éclairage abondant. Le plancher est un bétonnage proprement entretenu. Des poêles sont prévus dans chaque chambrée.

Le Dépôt central ne contenait lors de notre passage qu'une trentaine de prisonniers ottomans, la plupart inaptes au travail, ou artisans (tailleurs, cordonniers) travaillant pour leurs camarades et occupant seulement deux chambrées. Les couchettes sont placées sur des châssis de bois à 1 mètre de hauteur, et se composent d'une paillasse, renouvelée régulièrement, et de deux couvertures. Un rayon courant le long des parois reçoit le paquetage et les effets personnels.

Promenades. La cour de la caserne suffit amplement pour la promenade des prisonniers. Ceux qui n'ont pas un travail régulier peuvent se promener dans la journée sans restriction.

Alimentation. Au Dépôt central de Béziers, le système de l'alimentation correspond au régime ordinaire de la caserne. Les vivres sont fournis par l'Intendance et préparés par les prisonniers. Le nombre de ceux-ci étant très restreint, on n'utilise pas la grande cuisine de la caserne, mais une installation plus réduite placée à proximité.

Le régime alimentaire (voir Annexe I) est identique à celui de la troupe française. Les prisonniers reçoivent : 1. Le matin le café (16 grammes de café et 21 grammes de sucre par homme et par jour). — 2. Un repas à midi. — 3. Un repas le soir, à 5 heures. Les rations sont : 700 grammes de pain et 125 grammes de viande tous les jours. Pour la soupe, on donne alternativement du riz, des macaronis, des pois, des lentilles ou des haricots. Chaque prisonnier a sa gamelle et son couvert. Etant donné le petit nombre des prisonniers internés à la caserne Marossan, la cantine ne fonctionne pas, mais le caporal d'ordinaire est autorisé à faire en ville les emplettes demandées par les prisonniers. Il n'y a pas de tarif spécial.

Vêtements. Les prisonniers de guerre reçoivent de l'administration militaire le linge, les vêtements et les chaussures. Tous ces effets sont remplacés immédiatement après usure. Les réparations sont faites dans un atelier installé dans la caserne. Chaque homme dispose de 2 chemises, 2 caleçons, 1 pantalon, veste d'uniforme, bourgeron de quartier en toile, et fez en drap gris avec croissant. Tous ces effets sont en bon état et bien entretenus. Le blanchissage du linge se fait par les prisonniers dans un bâtiment spécial. La revue d'équipement est passée tous les dimanches matin. Les prisonniers turcs, comme les soldats français, ne reçoivent pas de chaussettes. L'envoi de ces dernières serait très utile.

Régime disciplinaire. Les peines corporelles n'existent nulle part. Tous les délits de la région sont annoncés au commandant du dépôt de Béziers qui fixe la peine à appliquer. Celle-ci consiste uniquement en emprisonnement, variant suivant les cas de 1 à 25 jours. Au moment de notre visite, il y avait un détenu pour tentative d'évasion. Pendant la durée de l'incarcération, le prisonnier est au pain et à l'eau trois jours sur quatre et reçoit le quatrième jour la nourriture normale. Dans les locaux d'arrêt, les prisonniers ont également leur paillasse et deux couvertures.

Travail. Les prisonniers internés au dépôt de Béziers sont des hommes reconnus inaptes aux travaux agricoles. On ne leur demande aucun autre travail que les corvées ordinaires de quartier, balayage des chambrées, préparation de la nourriture et entretien des effets. Quelques-uns d'entre eux sont désignés chaque jour pour aller à la gare chercher les colis adressés au camp. Tous ces travaux sont de nature facile et ne comportent pas de ration supplémentaire. Les sous-officiers ne sont astreints à aucun travail.

Culte et distractions. Il n'y a pas de service religieux à la caserne. Les hommes font leurs prières et lisent le Coran. Comme distraction, les prisonniers jouent aux dames, et quelques-uns ont des mandolines qu'ils se sont ingénieusement fabriquées.

Correspondance. Les lettres mettent ordinairement de 15 à 20 jours pour parvenir au camp. Elles sont immédiatement remises aux destinataires. Les prisonniers ont le droit d'écrire deux lettres par mois. Celles-ci ne subissent pas d'autre retard que la lecture à la censure. Les mandats sont remis exactement, sans retenue. Les colis sont ouverts devant le destinataire ou à défaut de celui-ci devant un autre prisonnier. Le nombre des colis et des mandats est minime. 11 colis seulement sont parvenus depuis le commencement de l'internement à Béziers. Les prisonniers ont déclaré que les lettres leur parviennent actuellement mieux qu'en Corse.

Secours aux prisonniers. Il n'y a pas au dépôt de Béziers de comité chargé de répartir les secours entre les prisonniers. A notre connaissance, aucune œuvre n'envoie de secours à Béziers. Les prisonniers étant bien nourris et bien vêtus ne paraissent pas nécessiteux. Nous leur avons néanmoins laissé une petite somme qui a été remise au commandant.

Soins médicaux. Un médecin français vient chaque jour de Béziers faire la visite médicale des prisonniers à la caserne. Dans les chantiers de travail, le chef du détachement est muni d'une caisse sanitaire contenant les médicaments les plus usuels, du matériel de pansement et un thermomètre. En cas de maladie, le médecin militaire ou civil le plus rapproché est appelé. Si le médecin juge un prisonnier inapte au travail pour un temps prolongé, il l'envoie au Dépôt central de Béziers, en cas d'urgence dans l'établissement hospitalier le plus proche. Les prisonniers qui se plaignent des dents sont envoyés à l'hôpital dentaire de Béziers. A la caserne de Marossan, les malades sont soignés par un infirmier français aidé d'un prisonnier ottoman, coiffeur de sa profession.

Désinfection et médicaments. Les prisonniers, à leur débarquement à Marseille, ont pris une douche de propreté, et leurs vêtements ont été passés à l'étuve. Le matériel de pansement est abondant, identique à celui utilisé par les troupes françaises. La question des appareils de prothèse ou des béquilles n'entre pas en ligne de compte ici puisqu'il n'y a pas de mutilés parmi les prisonniers turcs en France.

Maladies. Nous avons collationné dans le registre d'infirmerie tous les cas de maladies traités depuis l'arrivée des prisonniers. Nous y avons trouvé :

1 cas de fièvre tierce, récidive d'une affection chronique, 12 cas de diarrhées aiguës en été 1916, 2 cas de tuberculose. Tous les autres cas traités sont des cas courants de policlinique : plaies des doigts, douleurs dentaires, eczémas, etc.

Il n'y a eu ni malaria récemment contractée, ni typhus, ni dysenterie, ni maladie d'yeux, en un mot aucune affection épidémique.

En ce moment, sur les 644 prisonniers de la région, il y a 17 inaptes au travail : 14 pour raideur et impotence, suites de blessures de guerre, 2 pour bronchite chronique et 1 pour fièvre tierce, cité plus haut.

Sur l'effectif total, 3 à 6 malades se présentent chaque jour à la visite médicale.

Mortalité. Depuis l'arrivée des prisonniers ottomans en France, deux sont morts par tuberculose. Ils ont été assistés par l'iman, et ensevelis avec les honneurs militaires.

Hygiène. Les prisonniers se sont complètement débarrassés de la vermine, ils n'ont ni puces ni poux.

L'eau est abondamment fournie au camp par la canalisation de la ville de Béziers, elle est fraîche et de bonne qualité.

Les prisonniers font leur toilette à un lavabo muni de 24 robinets. Une installation rudimentaire de douches leur permet de se laver facilement. L'eau chaude préparée à la cuisine leur est distribuée en hiver.

Huit cabinets à la turque, avec chasse d'eau automatique, sont à la disposition des prisonniers ; la désinfection en est inutile ; les gadoues sont évacuées par les égouts de la ville de Béziers. Les W.-C. sont à une centaine de mètres des logements. Il n'y a ni baquets ni tinettes dans les chambrées.

Etat général. L'impression générale produite par la vue des prisonniers ottomans de la caserne de Béziers est favorable. Bien que la plupart de ces hommes soient reconnus comme inaptes au travail, ils n'ont pas l'air déprimé. Ils ne nous ont formulé aucune plainte sur le régime, ni sur leurs rapports avec les autorités militaires et les surveillants.

Inspection. Le général Vérand a visité ce camp en août 1916. Le colonel commandant régional y passe au moins une fois par mois. Les prisonniers ont le droit de leur formuler leurs plaintes éventuelles. En outre, chaque jour à l'appel, le commandant demande s'il y a des réclamations. Nous nous sommes personnellement entretenus avec le sergent-major turc Hussein-Youssouf, de son métier agent de police à Constantinople, et qui parle le français. Notre visite était la première faite par des délégués neutres.

2. Chantier de travail de Boujan

Visité le 5 décembre.

Ce chantier de travail, à 10 kilomètres à l'est de Béziers, comprend un effectif de 10 hommes.

Habitation. Les prisonniers couchent dans un grand bâtiment de grange dont le plancher est en bois et les murs en pierre. Les lits pourvus de paillasses sont séparés par des rideaux de toile. Outre les deux couvertures réglementaires, les prisonniers peuvent en obtenir comme supplément. Il y a des poêles. Les W.-C. à la turque sont tenus proprement et désinfectés tous les trois jours à la chaux, et la vidange se fait régulièrement chaque jour.

Vêtements. Les prisonniers sont vêtus d'effets civils. Le pantalon est marqué des lettres P. G. (prisonniers de guerre). Les chaussures sont en bon état. Tous portent des molletières. Le blanchissage se fait le dimanche matin par les prisonniers, qui reçoivent la quantité de savon nécessaire.

Alimentation. Réfectoire séparé. Les prisonniers font quatre repas par jour : à 8 heures, café ou soupe avec pommes de terre frites ; à midi, soupe aux légumes et ragoût de viande ; à 4 heures, goûter avec chocolat ; à 6 heures, soupe et bouillie de pommes de terre avec viande. La ration de pain, régulièrement de 700 grammes, est portée à 1,000 grammes suivant le travail. Le dimanche, les prisonniers reçoivent du gigot de mouton. Il leur est fait, en outre, une distribution de tabac. La ration de viande est de 250 grammes par jour.

Travail. Les prisonniers sont presque exclusivement employés à la culture de la vigne. Ils ont fait les vendanges en automne et procèdent actuellement à la taille des ceps et au défonçage du terrain. La journée est payée 20 centimes, sans aucune retenue. Sur les 10 prisonniers présents, 8 sont des cultivateurs de profession, un est maréchal-ferrant et un marchand de tabac. Ce dernier, qui parle français, nous a donné tous les renseignements sur la vie dans ce détachement.

Les prisonniers n'ont formulé aucune réclamation. Le propriétaire qui les occupe, M. Castelbon, officier en retraite, les traite avec toute l'humanité désirable. Le travail dure 7 ½ à 8 heures par jour, avec repos, matin et soir. Les rapports des prisonniers, soit avec les employeurs, soit avec leurs gardiens n'ont donné lieu à aucune plainte. Chaque homme a le droit d'écrire deux lettres par mois. Les lettres à leur adresse sont régulièrement transmises de Béziers. Nous avons laissé dans ce chantier une somme d'argent pour achat de tabac et de chocolat, ces deux articles étant très bien accueillis des prisonniers.

Soins médicaux. Le médecin du voisinage est appelé en

cas de besoin. Le chef du détachement a à sa disposition une caisse de pharmacie. Le jour de notre visite, un prisonnier que nous avons examiné était alité pour cause de grippe.

3. Chantier de travail de Pradelaine

Visité le 6 décembre 1916.

Le Commandant régional de Montpellier ayant mis une automobile à notre disposition, nous avons visité, le 6 décembre 1916, les chantiers de travail de Pradelaine, de La Motte et du Mas du Ministre.

La ferme de Pradelaine est située à 8 kilomètres au sud de Montpellier; c'est une grande propriété moderne où les prisonniers sont occupés aux travaux de la vigne. En ce moment, ils taillent les ceps; le régisseur de la propriété dit n'avoir qu'à se louer de leur bonne volonté; ils se sont mis sans peine au travail délicat de la taille. Il y a en ce moment dans le camp : 9 hommes et un sous-officier. Ce chantier, comme les autres que nous avons visités, n'avait jamais reçu de visite de délégués neutres.

Logement. Les prisonniers sont logés dans un bâtiment en pierre, situé au premier étage d'une maison dont le rez-de-chaussée leur sert de cuisine et de réfectoire. Les paillasses sont sur des tréteaux de bois à 10 cm. du sol; la paille est changée tous les 15 jours. Les fenêtres sont suffisamment grandes. Un poêle a été récemment installé. Chaque prisonnier a deux couvertures.

Habillement. Les prisonniers n'ont pas de vermine, ils se tiennent très propres et cuisent leur linge chaque dimanche. Le sergent français, chef du détachement, fait l'inspection de l'habillement une fois par semaine Le dépôt de Béziers remplace les effets usagés ou détériorés.

La coiffure est un fez bleu ou kaki; les vêtements civils, qu'on a donnés aux prisonniers ayant usé leur uniforme ottoman, sont marqués des lettres P. G. (prisonniers de guerre) sur une manche et sur le devant du pantalon.

Chaque prisonnier a en outre une capote, deux paires de chaussures et un bourgeron de travail en toile grise.

Hygiène. L'eau est bonne et abondante; les W.-C. à la turque désinfectés à la chaux et bien entretenus. Les prisonniers se font de l'eau chaude pour leur toilette en hiver. La caisse de médicament du camp est en bon ordre. En cas de maladie, un médecin-major de Montpellier est appelé.

Alimentation. Les prisonniers font eux-mêmes la cuisine, c'est le travail de l'un d'eux, qui touche, comme ceux qui sont aux champs ou à la vigne, 20 centimes de paye par jour. La ration journalière comporte :

500 grammes de légume.
250 grammes de viande (bœuf ou mouton).
700 grammes de pain.
1 bol de café sucré le matin et le soir.

Les prisonniers de ce détachement, comme ceux des autres chantiers visités, sont très sobres et ne boivent jamais de vin.

Les prisonniers étant bien nourris dépensent peu, ils confient leur argent à leur commandant de camp qui le garde en dépôt ; presque tous ont un petit avoir variant de 10 à 80 francs en réserve. Les achats se font en ville par les soins du chef de détachement ou d'un homme de garde, sans retenue.

Correspondance. Pendant l'été les lettres ont mis beaucoup de temps, 40 à 50 jours, pour parvenir à leurs destinataires. Elles avaient été à Moudros et en Corse avant d'arriver dans le Département de l'Hérault. Aujourd'hui les listes de prisonniers qui ont changé de camp sont mieux établies, et le maximum de temps que met une lettre est d'un mois.

Le sergent ottoman fait la correspondance des prisonniers illettrés. De son métier négociant à Constantinople, il parle suffisamment le français pour que nous ayons pu nous entretenir avec lui. Il nous a affirmé qu'il n'avait aucune plainte à formuler, soit sur la nourriture, soit sur le traitement. Nous avons laissé à ces prisonniers une petite somme avec laquelle ils achèteront du tabac.

4. Chantier de travail du Mas du Ministre

Visité le 6 décembre 1916.

Le chantier de travail du Mas du Ministre est à 6 kilomètres de Montpellier. Ce détachement comprend 40 hommes dont 20 sont employés au Mas du Ministre et 20 dans une ferme voisine.

Couchage. Grande pièce carrelée, proprement tenue. Les lits sont placés sur des châssis à 30 centimètres au-dessus du sol. Paillasses et couvertures. Rayons pour les paquetages.

Vêtements. Les hommes sont bien habillés et bien chaussés. Ils portent un fez gris avec un petit croissant en métal. Le lavage du linge se fait régulièrement.

Alimentation. La préparation des aliments est faite par la femme du régisseur, qui fait la même cuisine pour sa famille, pour les employés et pour les prisonniers. Les portions sont largement distribuées et le pain est à discrétion. Nous avons goûté la soupe, grasse avec pâtes d'Italie, et l'avons trouvée excellente. Le réfectoire est proprement installé avec tables et bancs. Chaque prisonnier a sa gamelle et son couvert.

Travail. Les prisonniers sont surtout occupés à la culture de la vigne. Ils procédaient, lors de notre visite, au nettoyage et à la fumure des souches. La journée est de 8 heures avec repos. Chaque homme est titulaire d'un livret de travail qui mentionne les heures de travail, le salaire, les sommes gagnées et les paiements effectués. Le prisonnier signe un reçu de l'argent qu'il touche. Ce livret mentionne également les sommes que le prisonnier reçoit par mandat.

Correspondance. Les lettres arrivent bien, ainsi que les mandats. Le sous-officier du détachement est un marchand de tabac de Brousse. Il parle français. Grâce à lui, nous avons pu interroger les prisonniers qui tous se sont déclarés satisfaits du traitement qu'ils reçoivent. Le propriétaire du Mas et la femme du régisseur nous ont dit être très satisfaits du travail et de la conduite des prisonniers ottomans.

Soins médicaux. Un médecin-major de Montpellier vient au Mas chaque fois qu'il est appelé.

5. Chantier de travail de la Motte

Visité le 6 décembre 1916.

Ce domaine est situé à 23 kilomètres au S.-E. de Montpellier, sur le canal du Midi et, dans une vaste presqu'île sablonneuse, entrecoupée d'étangs. Les communications avec Montpellier sont assez difficiles. Le détachement comprend 20 hommes, dont 1 sous-officier.

Couchage. Le dortoir est une vaste pièce planchéiée, occupant le premier étage d'un des bâtiments de la ferme. Les lits sur châssis comportent deux couvertures et une paillasse, dont chaque dimanche la toile est lavée et la paille renouvelée. Les hommes reçoivent du savon toutes les semaines.

Alimentation. La cuisine est préparée par la fermière. La ration de pain est de 1,000 grammes. On donne aux prisonniers de la viande de mouton six fois par semaine. Le septième jour le poisson figure au menu. La portion de soupe est d'environ un litre à chaque repas. Les hommes se sont plaints que le sucre ait manqué plusieurs fois à leur café. Enquête faite, il résulte que la provision n'a pas pu être ravitaillée à temps, à cause de la difficulté des communications. Sauf cette indication, les prisonniers n'ont pas à se plaindre de l'alimentation.

Travail. Le travail dure de 6 ½ h. à 11 ½ h. matin et de 1 h. à 4 h. de l'après-midi, au total 8 heures de travail, dont il faut déduire deux pauses d'un quart d'heure chacune. La culture de la vigne est l'occupation exclusive des prisonniers. Les transports sont facilités par un chemin de fer Decauville. Le salaire est le même qu'ailleurs. En outre le propriétaire accorde des gratifications pour la bonne exécution du travail.

Vêtements. Les hommes sont convenablement habillés

et chaussés. Leurs effets sont proprement tenus. La revue d'équipement a lieu chaque dimanche.

Correspondance. Les lettres arrivent régulièrement. L'arrivée des colis est très minime. Le sergent turc est un vigneron des environs de Smyrne. Il nous a signalé qu'un certain mécontentement règne parmi ses hommes. Malgré un interrogatoire serré, nous n'avons pu en établir les causes certaines. Il nous a paru que l'isolement complet de cette ferme et la monotonie du travail peuvent seuls expliquer cet état d'esprit, qui a causé plusieurs évasions. Nous avons questionné, dans le local d'arrêt, un prisonnier repris, qui ne nous a allégué d'autre raison de sa tentative que le « cafard ». Pour prévenir les projets de fuite, on a interdit à la cantine l'achat de provisions dépassant la norme fixée.

Soins médicaux. Un médecin de Montpellier fait la visite sanitaire tous les 20 jours et, dans l'intervalle, vient chaque fois qu'un cas lui est signalé. Il y avait lors de notre visite un seul homme en traitement pour affection dentaire.

Les Délégués du Comité international de la Croix-Rouge :

Dr F. BLANCHOD. **F. THORMEYER.**

Emmanuel SCHOCH.

II

RAPPORT

sur la visite aux camps de prisonniers ottomans en Corse en décembre 1916.

Introduction

Nous nous sommes embarqués à Marseille le 10 décembre 1916, à bord du paquebot *Balkan* et sommes arrivés à Bastia le 11 décembre 1916.

Les prisonniers ottomans, au nombre de 100 en Corse, sont tous cantonnés dans la région orientale de l'île.

Le dépôt central est à Casabianda près d'Aléria. Le dépôt d'officiers est à Bastia ; les prisonniers sont en outre répartis dans les chantiers de travail de Borgo et de Ortale.

Les prisonniers sur les chantiers sont occupés à des ouvrages de terrassements ; aucun prisonnier ne fait un travail touchant de près ou de loin à l'armée.

Comme dans la région de Béziers, nous avons pu ici nous entretenir avec les prisonniers, circuler librement dans les camps, prendre des photographies et distribuer des dons. Nous remercions M. le général gouverneur de la Corse qui voulut bien placer une automobile à notre disposition et nous permettre de remplir notre mission.

1. Dépôt d'officiers de Bastia

Visité le 12 décembre 1916.

Ce dépôt, situé dans les bâtiments de la citadelle, dominant la ville de Bastia, contient 20 officiers et 23 soldats, dont 6 ordonnances. Les autres soldats sont employés comme cordonniers dans l'atelier régional et travaillent pour leurs camarades. Il n'y a, dans ce dépôt, ni civils, ni médecins, ni sanitaires ottomans. Parmi les officiers internés, 13 sont originaires de la Tripolitaine et ont été pris sur une goélette turque allant en Afrique.

Ce camp n'avait encore été visité par aucun délégué neutre.

Commandant du dépôt : Lieutenant Cellerier.

Logement. Les bâtiments de la citadelle sont de massives constructions en pierre. Les chambrées des officiers au premier étage sont des pièces voûtées, ayant pour dimensions 9 mètres de longueur sur 8 mètres de largeur et 6 de hauteur, ce qui donne un cube d'air considérable pour les 5 ou 6 lits que contient chaque chambrée. Le sol est dallé, sec et proprement tenu. Les fenêtres mesurent 5 mètres de hauteur sur 1 mètre 50 de large. Les poêles assurent un chauffage suffisant. Un officier blessé couche au rez-de-chaussée pour éviter la montée des escaliers.

Couchage. Chaque officier a à sa disposition un lit en fer, avec sommier métallique, matelas garni de laine et trois couvertures. Chaque officier a deux draps, changés une fois par mois.

Les chambrées sont pourvues de tables, de tables de toilette, d'armoires, de rayons et de chaises en nombre suffisant. A peu près chaque lit est muni d'un petit tapis.

Promenade. Au sommet de la citadelle se trouve une esplanade qui sert de lieu de promenade aux officiers. Du haut de cette terrasse s'offre une vue splendide sur la ville et la mer. Une autre cour entourée par les bâtiments de la citadelle est aussi à la disposition des officiers comme lieu de promenade. Bien que ces espaces ne soient pas vastes, nous n'avons pas reçu de plainte à ce sujet.

La durée des promenades n'est pas limitée.

Alimentation. L'alimentation des officiers et des ordonnances est constituée en entreprise privée, dirigée par une cantinière. Le prix de la nourriture est fixé à 2 francs par jour. Les officiers reçoivent, le matin, du café au lait. Le déjeûner a lieu à 10 heures ½ et comprend des hors d'œuvres, une viande, un légume et un dessert. Le dîner, à 5 h. ½ se compose d'une soupe, d'une viande, d'un légume et dessert. Voici les menus du 12 décembre, jour de notre visite :

Déjeûner : Radis et beurre ; haricots ; rôti de mouton ; fruits.

Dîner : Bouillon ; carottes ; chevreau rôti ; fruits.

Le pain blanc est à discrétion. Les officiers peuvent se procurer des suppléments payés à part. Le jour de notre visite, ils avaient demandé des marrons rôtis. Le réfectoire est une vaste pièce très propre. La table est couverte d'une nappe et les couverts sont très convenables. Nous avons assisté au repas de 25 officiers bulgares, venant de Monastir. Ils n'étaient à Bastia qu'en passage et étaient dirigés sur Corte.

La Cantine, tenue proprement, est desservie par une cantinière. On y trouve du chocolat, du lait condensé, des gâteaux, du tabac, du linge et des objets de toilette et d'équipement. Les prix en deux langues sont affichés dans le local et ne dépassent pas les normes de la ville. Les ordonnances et les cordonniers ont une cuisine à part où un prisonnier turc prépare, à leur guise, les aliments fournis par l'intendance.

Habillement. Tous les officiers portent leurs uniformes de l'armée turque. Lorsque leurs propres effets sont usagés, ils commandent tout ce qui est nécessaire à un tailleur, soit à Bastia, soit à Corte. La tenue de tous les officiers que nous avons vus nous a paru irréprochable. Il leur est, du reste, possible de se procurer, en ville, par l'intermédiaire de la cantine, du linge neuf et des objets de toilette.

Solde. La solde des officiers, réglée par arrêté ministériel, correspond au grade et à l'ancienneté. Elle n'est sujette à aucune retenue. Chaque officier possède un livret sur lequel sont inscrites les sommes qui lui reviennent. Sur ces sommes les officiers peuvent toucher directement 25 francs par semaine comme argent de poche. Après prélèvement de leur pension à la cantine, de leurs achats d'habits et entretien de linge, le surplus constitue leur dépôt, qui pour quelques-uns d'entre eux atteint un chiffre respectable. Chaque versement et chaque dépense sont inscrits et signés par le prisonnier.

Les sous-lieutenants touchent' 120 à 130 francs par mois ; les lieutenants 150 fr. à 203 fr., les capitaines 210 fr. à 277 fr.

Il n'est perçu aucune retenue ni pour le chauffage, ni pour l'éclairage.

Secours aux prisonniers. Il n'y a pas de comité de secours organisé, le besoin ne s'en faisant pas sentir. Le Croissant-Rouge a fait deux envois d'argent de 2,200 fr. et de 800 fr., soit au total 3,000 fr., qui ont été répartis entre tous les prisonniers ottomans de l'île de Corse, soit 2 fr. 85 par homme environ.

Les feuilles d'émargement, signées de chaque prisonnier, sont entre les mains du capitaine Ali Riza.

5 colis d'effets et de tabac, reçus du Croissant-Rouge également, ont été répartis aux prisonniers les plus nécessiteux.

Peines disciplinaires. Elles sont peu graves en général. les signaux faits aux civils ont été punis de quinze jours d'arrêts en chambre. Il n'y a pas eu de tentative d'évasion.

Au cas où cela serait nécessaire, c'est le commandant régional qui prononcerait la peine à infliger.

Le local disciplinaire est bien éclairé: un lit, une table et une chaise garnissent ce local, qui n'a du reste pas encore servi ; les officiers ottomans ne donnent lieu à aucune plainte sérieuse au dire du commandant du camp.

Travaux et distractions. Les officiers ne travaillent pas ; ils passent leur temps à lire, à étudier les langues, ils disposent de graminaires à cet effet ; ils jouent aux boules, à saute-mouton, à foot-ball sur la terrasse donnant sur la mer.

Ils font de la musique, l'un d'eux est bon violoniste. Plusieurs remplissent leurs devoirs religieux et lisent le Coran.

Correspondance. Les officiers reçoivent peu de mandats, ils ont reçu, en tout, 400 fr. de chez eux ; ils n'en ont du reste, pas besoin, leur solde d'officiers suffisant abondamment à leur entretien.

Les colis parviennent difficilement aux prisonniers. Huit colis sont annoncés de Tripolitaine et de Mésopotamie depuis 6 mois, mais ne sont pas encore arrivés. Les colis sont ouverts devant le destinataire, aucun objet n'est soustrait de ces colis.

Les lettres et les cartes postales mettent 3 ou 4 semaines à arriver. Les prisonniers écrivent librement en turc et en arabe. Chaque prisonnier peut écrire deux lettres et quatre cartes postales par mois. Le courrier arrivant n'est pas limité. Il n'y a pas de retard systématique au départ des lettres.

Service de santé. Le Dr Manteguès, de l'hôpital militaire de Bastia, assure le service de santé de la citadelle; il y vient deux fois par semaine et en cas d'urgence. Bastia étant situé dans une région au climat très doux et régulier, les officiers ottomans prisonniers ne souffrent d'aucune maladie. Jusqu'au 1er novembre 1916, ils étaient à Corte, dans les montagnes de la Corse; aux approches de l'hiver, l'autorité militaire a fait droit à leur demande de venir dans une partie plus douce du pays. Depuis leur arrivée à Bastia, un officier atteint d'ophtalmie a été traité par l'oculiste de l'hôpital de la ville.

Parmi les prisonniers employés comme ordonnances ou aux ateliers, il y a eu 12 cas de grippe et de courbature fébrile.

Aucun cas de malaria, de dysenterie, de diarrhée ou de typhus. Les soins dentaires sont donnés aux officiers par le dentiste de Bastia, qui vient au camp chaque fois qu'un officier en fait la demande.

Il n'y a eu aucun cas de mort dans le camp. Les médicaments sont les mêmes que ceux employés pour les soldats français ; aucun médicament ne fait défaut. Les instruments de prothèse, les béquilles et les cannes sont inutiles, puisqu'il n'y a aucun mutilé dans le camp. Il y a un local d'infirmerie pour les officiers et un pour les soldats, propres et bien tenus, encore inutilisés.

Hygiène. L'eau potable est celle des canalisations de la ville, abondante et de bonne qualité.

Les officiers donnent leur linge à laver et à amidonner en ville, ou le font laver par leurs ordonnances, à un bassin spécialement installé à cet effet. Ils touchent du savon pour cette lessive du linge. Chaque officier a pour sa toilette, une cuvette, un broc, un seau hygiénique. La vermine n'existe ni chez les officiers, ni chez les hommes de troupes. Les couvertures sont mises au soleil chaque jour que le temps le permet.

Chaque officier prend, à volonté, une douche chaude par semaine, le nombre des douches froides n'est pas limité.

Les ordonnances et les prisonniers travaillant dans les ateliers ont également une douche chaude par semaine. Les installations sont pratiques et suffisantes.

W. C. Il y a 8 cabinets à la turque et 3 à l'anglaise, en catelles blanches, avec chasse d'eau automatique ; ils sont reliés aux égoûts de la ville.

Une lanterne sert à l'éclairage de ces locaux la nuit. Il n'y a point d'odeur, les W. C. étant tout à fait séparés du logement des prisonniers.

Etat d'esprit des prisonniers. L'état d'esprit des officiers ottomans prisonniers en Corse se ressent un peu de leur long internement. Les réclamations qu'ils nous ont faites portent exclusivement sur le manque de liberté de circuler en ville. Cette restriction rentre dans les mesures générales prises par l'autorité française à l'égard de tous les officiers prisonniers.

— —

2. Chantier de travail de Borgo

Visité le 12 décembre 1916.

Le chantier de travail de Borgo est situé à 7 kilomètres à l'ouest de la gare de Borgo, sur la pente de la montagne; on y accède par une route carrossable jusqu'au village de Borgo, puis par un chemin muletier permettant d'atteindre les baraquements des prisonniers et leur chantier de travail.

Nous avons été accompagnés à ce camp par le sergent Vigoureux, en temps de paix inspecteur de la dette ottomane à Smyrne, actuellement interprète pour le dépôt d'officiers ottomans à Bastia et pour les détachements de travail de Borgo et de Ortale.

Le camp de travail de Borgo n'avait jamais été visité par des neutres.

Effectif du camp : 3 sous-officiers ottomans, utilisés comme surveillants, et 92 soldats.

Il n'y a ni prisonnier civil, ni sanitaire.

Logement. L'équipe du chantier de Borgo a logé pendant l'été sous des tentes à la turque, dressées sur un terre-plein, à environ 2 kilomètres du village. A l'approche de la mauvaise saison, on a construit sur la pente de la montagne, les baraquements occupés actuellement. Cinq baraques sont achevées, la sixième est en voie d'achèvement. Ces baraques, en planches goudronnées, ont 14 mètres de long sur 4 mètres 50 de large. Le toit est à deux pentes et recouvert de planches et de carton bitumé. La porte est à l'une des extrémités et la fenêtre à l'autre. L'éclairage n'est pas très abondant. Le plancher est propre. Des rayons, disposés entre les poutres et des chevilles fixées dans les parois, servent à suspendre les vêtements. Ces baraques sont parfaitement étanches et ne présentent pas d'humidité. Des poêles en fonte sont installés dans toutes les chambrées.

Couchage. Les lits sont disposés sur des tréteaux de planches, élevés à 40 centimètres au-dessus du sol. Une planche transversale sépare les lits. Ceux-ci se composent de paillasses dont la paille est changée chaque mois, et de deux couvertures. Dans le local disciplinaire, les prisonniers couchent sur le plancher et disposent de deux couvertures.

Alimentation. Les prisonniers préparent eux-mêmes leurs aliments dans un local aménagé à cet effet. Les provisions sont fournies par l'intendance. Les normes sont : 700 grammes de pain et 250 grammes de viande par jour et par homme, plus 24 centimes pour le reste des provisions. Les hommes préfèrent parfois diminuer leur ration de viande, ce qui leur permet d'augmenter la proportion de légumes, de riz, de macaronis, etc. Le pain est d'excellente qualité.

Les hommes reçoivent, le matin, du café et du sucre, à 11 heures, la soupe grasse avec ragoût de viande ou légumes secs, et à 5 heures, la soupe avec riz ou macaronis ou lentilles. Chaque prisonnier a sa gamelle et son couvert. Ces ustensiles sont étamés à intervalles réguliers.

Le caporal peut acheter au village les suppléments et le tabac que les prisonniers paient avec des bons, inscrits sur leur carnet de travail.

Habillement. Les uniformes des prisonniers et leurs chaussures sont en bon état. Les effets hors d'usage sont remplacés par l'administration. Tous les hommes portent le fez. Ils ont du fil et des aiguilles pour les petits raccommodages.

Travail. Les prisonniers du chantier de Borgo sont employés par l'administration des ponts et chaussées à des travaux d'adduction d'eaux de sources.

La journée de travail est de 10 heures en été et de 9 heures en hiver. Dans ce chiffre est compris le temps nécessaire pour aller au travail et en revenir. Les jours de pluie, le travail est arrêté et les hommes emploient leur journée à laver leur linge. Lorsque les pluies ont duré plusieurs jours dans la semaine, on fait travailler le dimanche, mais ce fait est rare. La paie est de 20 centimes par jour, sans aucune retenue. Il est accordé, comme encouragement, des primes supplémentaires.

Ce chantier de travail est inspecté, au moins une fois par

mois, par le commandant régional des dépôts de prisonniers de guerre de la Corse.

Hygiène. L'eau potable est tirée d'une source située à 300 mètres environ au sud du camp. L'eau est de bonne qualité, claire, fraîche et abondante.

L'eau de toilette est apportée au camp dans de grands tonneaux, versée dans cinq cuves, où les prisonniers font leurs ablutions.

En hiver, les prisonniers touchent à la cuisine de l'eau chaude pour leur toilette.

Le lessivage du linge et des vêtements se fait, après cuisson au camp, à la rivière, au dessous de la source.

Les prisonniers n'ont pas trace de vermine; le commandant du camp loue le soin qu'ils mettent à se tenir propres.

Les prisonniers utilisent comme W. C. une tranchée dite feuillée, creusée à 150 mètres à l'est du camp. Le fossé est comblé de terre après arrosage à la chaux, chaque fois que cela est nécessaire. Ces W. C. sont proprement tenus et suffisants. Il n'y a pas d'odeur dans le voisinage.

Soins médicaux. Le service médical est assuré par le Dr Humbert, du dépôt de Cervione. Il vient au camp tous les 10 jours et, dans l'intervalle, chaque fois qu'il est appelé. Le chef du détachement a à sa disposition deux caisses de médicaments courants et de matériel de pansement. A l'appel du matin, il prend la température des hommes qui se portent malades et les inscrit dans le cahier d'infirmerie.

Le médecin, à son passage, vise ce cahier et examine les malades éventuels.

Le chantier est établi depuis 20 jours environ; il y a eu pendant ce temps, outre 5 cas récidivants de fièvre intermittente, qui vont être renvoyés au dépôt de Casabianda, 11 cas de fatigue, 6 cas de coliques, 4 cas de plaies de mains par accidents du travail.

Il n'y a eu, dans ce camp, ni dysenterie, ni typhus, ni diarrhée, ni tuberculose.

Il n'y a pas eu de décès dans le camp.

Le sergent-major ottoman a attiré notre attention sur trois prisonniers atteints d'énurésies nocturnes, qui gênent leurs camarades. Ces 3 cas seront examinés par le médecin et évacués sur le dépôt de Casabianda, où la surveillance médicale est plus régulière.

Le dentiste de Borgo traite les prisonniers qui se plaignent des dents. Il n'y a pas d'impotents au camp, donc pas d'appareils de prothèse à contrôler.

Correspondance. Les prisonniers reçoivent très peu de mandats; ils sont tous d'origine modeste, deux seulement savent lire et écrire. Ils ne reçoivent pas de colis.

Les lettres sont rares également, les prisonniers ont le droit d'écrire deux lettres et quatre cartes postales par mois, mais ne profitent guère de cette facilité.

La correspondance venant de Turquie n'est soumise à aucune restriction. Elle ne subit pas de retard systématique au départ ou à l'arrivée.

Peines disciplinaires. Trois prisonniers ont été punis de 20 jours d'arrêts pour tentative d'évasion. Les locaux d'arrêts sont suffisamment spacieux et éclairés; ils sont, comme les autres baraquements, en planches couvertes de papier goudronné; le plancher est à 30 centimètres du sol, sur pilotis.

Secours aux prisonniers. Les deux sous-officiers sachant lire et écrire sont les hommes de confiance des prisonniers, ce sont eux qui servent d'intermédiaires entre les prisonniers et les hommes de garde; ils écrivent pour les illettrés. Ces prisonniers ont eu leur part des envois faits par le Croissant-Rouge, mentionnés à propos du dépôt d'officiers de Bastia.

Le sergent-major Houlousi Moustapha, en temps de paix commis au tribunal dans une localité près de Constantinople, nous a dit que les prisonniers manquent de chaussettes et désirent surtout du tabac. Nous avons remis une somme de cent francs pour les plus nécessiteux.

Etat d'esprit des prisonniers. Le moral des hommes de ce détachement est bon; quatre fois par jour ils font leurs prières; ils se distraient en jouant de la flûte et de la guitare, instruments de musique fabriqués par eux-mêmes.

Ces hommes, comme ceux que nous avons vus à Bastia, ont bonne mine et saine apparence.

3. Chantier de travail d'Ortale

Ce chantier de travail est situé à 15 kilomètres au sud de Bastia, sur une colline dominant la plaine de Biguglia.

Ce camp n'avait jamais reçu la visite de délégués neutres.

Effectif du camp :

1 sous-officier, caporal ottoman utilisé comme surveillant.

24 soldats ottomans.

Ce détachement de travail a été amené à Ortale en mai 1916; il était d'abord composé de Croates, depuis un mois il comprend des soldats ottomans.

Logement. Les prisonniers sont logés dans des baraques en planches goudronnées, dont le toit, à deux pentes, est couvert de planches et de papier bitumé. Ces baraques ont 12 mètres de long sur 6 de large. Le plancher porte sur des madriers. La porte et la fenêtre occupent les faces latérales. Ces baraques, établies sur un sol sec et incliné, ne présentent aucune trace d'humidité.

Couchage. Tréteaux à deux étages, dont le supérieur, seul occupé actuellement, est à 1 m. 25 du sol. Les paillasses sont garnies de paille et renouvelées tous les deux mois. Chaque homme dispose de deux ou trois couvertures. Les effets personnels sont disposés sur de petits rayons. Le couchage est proprement entretenu. Les locaux disciplinaires qui n'ont pas encore été utilisés, ne comportent, dans la règle, que deux couvertures sans paillasse.

Alimentation. La cuisine occupe un petit bâtiment séparé. Les prisonniers préparent eux-mêmes leurs repas avec les vivres fournis par l'administration. La ration de pain est de 700 grammes, celle de viande est de 250 gr. par jour et par homme. Les prisonniers se sont déclarés satisfaits de la nourriture. Voici le menu de la semaine :

Lundi........ Matin : Soupe - Pâtes - Viande.
Soir : Soupe - Riz - Légumes.

Mardi........	Matin	: Lentilles - Bœuf - Légumes.
	Soir	: Pâtes - Bœuf - Légumes.
Mercredi.....	Matin	: Riz - Viande - Légumes.
	Soir	: Pâtes - Viande - Légumes.
Jeudi........	Matin	: Lentilles - Viande - Légumes.
	Soir	: Pâtes - Viande - Légumes.
Vendredi.....	Matin	: Riz - Bœuf - Légumes.
	Soir	: Pâtes - Bœuf - Légumes.
Samedi.......	Matin	: Lentilles - Bœuf - Légumes.
	Soir	: Riz - Bœuf - Légumes.
Dimanche....	Matin	: Pâtes - Bœuf - Légumes.
	Soir	: Riz - Bœuf - Légumes.

Ce menu est affiché en deux langues à la cuisine.

Les prisonniers touchent, chaque matin, du café et du sucre. Chaque homme a sa gamelle, sa fourchette et sa cuillère. Il n'y a pas de cantine alimentaire au chantier ; il s'y trouve seulement un petit dépôt de tabac et de menues fournitures. Les prisonniers font acheter au village de Biguglia, par le fournisseur, tous les objets dont ils ont besoin. Ils paient avec des bons délivrés par le surveillant du chantier et inscrits sur leur livret de travail.

Habillement. Les vêtements et les chaussures des hommes sont en bon état. L'administration les renouvelle dès que cela est nécessaire. Les prisonniers désirent avoir des chaussettes.

Travaux. La durée du travail est de 8 à 9 heures, trajet de 1 km. ½ du camp au chantier compris.

Les prisonniers creusent une canalisation d'un mètre de profondeur et de plusieurs kilomètres de longueur, destinée à amener de l'eau de source à la plaine. Le salaire est de 20 centimes par jour ; les bons travailleurs touchent en outre de l'employeur une prime de 20 centimes par jour. Le repos hebdomadaire est bien respecté.

Les prisonniers ont la possibilité de se nettoyer au chantier en rentrant du travail. Tous les hommes de ce camp sont des cultivateurs, sauf un menuisier et un forgeron de leurs métiers.

Correspondance. Aucun mandat n'est parvenu de Turquie dans ce camp ; trois prisonniers ont reçu un avis d'envoi d'argent, mais la somme ne leur est pas encore parvenue. Il n'est pas arrivé non plus de colis. Les prisonniers utilisent peu leur droit de correspondre, étant tous illettrés, sauf un.

Secours aux prisonniers. Il n'y a pas d'organisation de secours pour les prisonniers du camp. Ils utilisent leur salaire à acheter du tabac.

Hygiène. L'eau potable est de bonne qualité, tirée de la source située à 1 kilomètre à l'ouest du camp. L'eau de toilette est puisée à une fontaine alimentant le village d'Ortale, dans le voisinage direct du camp. Les prisonniers ont des baquets pour se laver.

Des bidons système Abdon, servent d'appareils à douches, Les prisonniers touchent de l'eau chaude à volonté, à la cuisine.

Le lessivage du linge se fait par cuisson au camp et par savonnage à la fontaine.

Les prisonniers reçoivent le savon de l'administration militaire.

Les W. C. sont du système dit feuillée, désinfectée à la chaux, comblée puis recreusée plus loin ; très propres, ces latrines de campagne sont situées à 120 m. du camp. Il n'y a pas d'odeur.

Soins médicaux. Le médecin aide-major Détiférandi assure le service médical de ce chantier. Une caisse médicale, avec instruction détaillée, est à la disposition du chef du détachement.

Il n'y a eu au chantier ni malaria, ni dysenterie, ni typhus, ni trachome.

Quelques cas de coliques, de fatigue, de maux de dents, sont inscrits dans le registre d'infirmerie.

Il n'y a pas eu de cas de décès.

Etat d'esprit des prisonniers. Il n'y a eu, dans ce camp, aucune tentative d'évasion. L'état d'esprit des prisonniers est bon, ils travaillent avec beaucoup de conscience. Ici comme dans les autres camps, nous avons constaté la bonne volonté réciproque des prisonniers et de leurs gardiens, l'absence complète de haine, de rancune ou de mépris. Le caporal ottoman, parlant français, ne nous a formulé aucune réclamation.

4. Dépôt central de Casabianda

Le dépôt de prisonniers ottomans et croates de Casabianda est situé à 2 kilomètres au sud d'Aléria, sur la côte orientale de la Corse, dans un domaine agricole, propriété de l'Etat français.

Effectif : 2 sous-officiers ottomans.
44 soldats ottomans, dont 15 invalides.
3 prisonniers civils autrichiens et un certain nombre de soldats serbo-croates.

Il n'y a pas de prisonniers civils ottomans.

Cette région de l'île étant peu saine pendant une période de l'année, à cause de la malaria, le dépôt est transféré sur une hauteur à l'ouest de Bastia, du 15 juillet au 15 novembre. Cette période est celle pendant laquelle les moustiques anophèles peuvent provoquer la fièvre tierce.

Commandant du camp : Capitaine d'infanterie de marine Guelfucci.

Logement. Casabianda était un vaste établissement pénitentiaire, construit sous Napoléon III et désaffecté il y a quelques années, à cause de la période annuelle d'insalubrité (malaria). Il se compose de plusieurs bâtiments, très bien construits et séparés les uns des autres par des allées et des cours plantées d'eucalyptus. Ces constructions sont en bon état ; elles ont été soigneusement réparées et blanchies, avant l'installation des prisonniers. Ceux-ci occupent une partie seulement des locaux ; le reste est réservé aux ouvriers employés par l'administration.

Les escaliers sont larges et clairs. Les dortoirs sont de dimensions considérables (50 mètres sur 11) et la hauteur du plafond atteint 8 mètres. Sur un pareil espace, les lits sont largement séparés les uns des autres et le cube d'air dépasse tout ce qu'on peut exiger à ce point de vue.

Couchage. Les paillasses sont actuellement posées sur le plancher. On fabrique, en ce moment, des châssis de planches, qui seront installés prochainement dans les chambrées. Chaque homme dispose de deux couvertures. Le long des murs courent des rayons destinés à recevoir les effets personnels. Ceux-ci sont contenus dans des caisses en bois blanc, portant chacune le numéro matricule du prisonnier. Cette innovation est très favorablement accueillie par les hommes. Comme propreté et comme commodité, l'installation des dortoirs ne laisse rien à désirer.

Alimentation. La cuisine occupe une grande pièce séparée. Les prisonniers prennent leurs repas dans un vaste réfectoire blanchi à la chaux et situé au rez-de-chaussée. Chaque homme a sa gamelle et son couvert personnel. Les menus, écrits en turc et en serbe, sont affichés à la cuisine, où les prisonniers peuvent les contrôler. Voici le menu de la semaine.

Lundi........	Matin	: Soupe - Viande - Macaronis.
	Soir	: Soupe - Viande - Macaronis.
Mardi........	Matin	: Soupe - Viande - Macaronis.
	Soir	: Lentilles - Viande - Pommes de terre.
Mercredi.....	Matin	: Ragoût - Viande - Pommes de terre.
	Soir	: Soupe - Viande - Lentilles.
Jeudi........	Matin	: Riz - Viande - Lentilles.
	Soir	: Haricots - Viande - Pommes de terre.
Vendredi.....	Matin	: Soupe - Viande - Macaronis.
	Soir	: Soupe - Viande - Pommes de terre.
Samedi.......	Matin	: Pois secs - Viande - Pommes de terre.
	Soir	: Soupe - Viande - Macaronis.
Dimanche....	Matin	: Soupe - Viande - Pommes de terre.
	Soir	: Soupe - Viande - Macaronis.

Tous les matins, café et sucre. Lorsqu'il est possible de se procurer du poisson, on le sert à la place de la viande, pour varier un peu le menu.

Nous avons assisté au repas de midi et nous avons pu constater que les portions étaient abondantes et proprement préparées.

La Cantine occupe une salle à part et est tenue par une cantinière. Les prix sont établis par l'administration et affichés en deux langues dans le local. Aucune majoration de ces prix n'est tolérée. Voici quelques articles que nous avons notés :

Pain blanc....................	le kilog......	Fr. 0.50
Jambon......................	»	» 4.—
Sucre en pain................	»	» 1.60
Sucre cristallisé..............	»	» 1.20
Sardines.....................	la boîte.......	» 0.55
Chocolat.....................	(les 125 gr.)	» 0.60
Vin rouge....................	le litre........	» 0.60
Vin blanc....................	»	» 1.50
Bière........................	»	» 1.—

Habillement. Les hommes sont convenablement vêtus et chaussés. Ils ont les objets nécessaires pour faire eux-mêmes leurs petits raccommodages. Les autres réparations sont exécutées dans les ateliers du dépôt. Pour le remplacement des effets usagés, Casabianda dispose d'un magasin que nous avons visité. On y trouve, en quantité largement suffisante, toutes les pièces d'habillement nécessaires : chemises en flanelle coton, caleçons en coton, ou en toile bleue pour l'été, vestons en velours à côtes (futaine), bourgerons de travail, vareuses, couvertures et coiffures en drap gris bleu forme béret. On donne aux hommes, comme chaussures de quartier, des espadrilles avec semelles en corde tressée. Les chaussures de travail livrées par l'intendance reviennent à 18 francs la paire.

Travaux. Les prisonniers aptes au travail sont occupés aux travaux de la vigne et des champs. Ils ne travaillent ni directement, ni indirectement pour l'armée. Le chantier est actuellement situé à 200 mètres de Casabianda.

Le travail est de 9 heures en hiver et de 10 heures en été, trajet compris. Il n'y a jamais eu de punition pour refus de travail. Les sous-officiers ne travaillent pas.

Le salaire est de 20 centimes par jour, plus une prime de 20 centimes pour les bons travailleurs.

Le repos hebdomadaire est régulièrement assuré.

Les prisonniers ont la faculté de se laver en rentrant du travail.

Cultes et distractions. Un certain nombre de prisonniers font leurs prières cinq fois par jour; on leur accorde, pour cela, le temps nécessaire. Les Arméniens désirent beaucoup l'envoi d'Evangiles. Ils vont quelquefois à l'église catholique. La musique et le chant sont permis; les prisonniers se sont fabriqué des guitares; les domes et le loto sont leurs jeux favoris.

Correspondance. Il n'est pas parvenu de colis aux prisonniers de ce détachement. Quelques mandats sont arrivés par les soins du Croissant-Rouge et du Comité international de la Croix-Rouge. Ils sont remis intégralement aux prisonniers. Les lettres mettent 20 à 25 jours pour venir de Turquie au camp. Elles arrivent plus souvent depuis que le Croissant-Rouge sert d'intermédiaire. Les Arméniens sont douloureusement affectés de l'absence de nouvelles de leurs familles. Les prisonniers ont le droit d'écrire deux lettres et quatre cartes postales par mois.

L'interprète du camp fait la censure du courrier qui part et qui arrive.

Hygiène. L'eau potable, saine et fraîche, vient de la canalisation de Casabianda.

L'eau de toilette arrive d'un bassin de bois doublé de zinc. On installe, en ce moment, les bidons-douches, système Abdon, le bidon étant suspendu à deux mètres de hauteur, l'homme tire sur une corde, le bidon bascule et l'eau, passant par une pomme, tombe en douche sur le baigneur.

La cuisine distribue libéralement l'eau chaude aux prisonniers.

Il n'y a pas trace de vermine.

Pour la lessive, un grand bassin en ciment à deux pans est installé.

Il y a 7 cabinets à la turque sur tinettes mobiles désinfectés chaque jour à l'huile lourde; ces tinettes sont vidées dans une fosse à distance du camp. Il n'y a pas de baquets dans les chambrées.

Soins médicaux. Le Dr Imbert est attaché comme médecin au dépôt de Casabianda. Il visite en outre, deux fois par mois, les détachements de diverses nationalités, Allemands, Bulgares et Autrichiens, sur les chantiers du voisinage.

Il est assisté d'un caporal infirmier français et de 3 prisonniers turcs, fonctionnant comme infirmiers. Un prisonnier civil autrichien, de sa profession chirurgien-dentiste à Lyon, s'occupe de tout ce qui a trait aux soins dentaires.

La pharmacie est bien approvisionnée.

Les moyens de désinfection usités sont le formol, l'huile lourde de houille et le crésylol sodique.

Bien que les prisonniers quittent tous ce dépôt pendant la saison des fièvres, on leur fait faire une cure de quinine préventive. Dès le 1er avril, chaque prisonnier touche une dragée de 0,25 gr. de chlorhydrate de quinine, qu'il prend chaque matin, avec son café, avant de partir pour le travail. L'infirmerie est bien installée, les malades sont couchés sur des matelas de laine placés sur lits militaires à sommier métallique. Chaque malade a le nombre qu'il veut de couvertures. Ces feuilles de température et de traitement sont affichées à la tête du lit. 3 à 4 malades se présentent chaque jour à la visite. Il y a, en ce moment, 2 malades hospitalisés : 1 cas de bronchite et un cas de paludisme récidivant, traité à l'arsenic.

Nous avons relevé, dans le registre d'infirmerie, depuis l'arrivée des prisonniers turcs au dépôt, 6 cas de malaria ancienne. 4 prisonniers ont été évacués sur l'hôpital de Bastia : 1 pour bronchite spécifique et 3 pour faiblesse, suite de fièvre tierce récidivante.

Il n'y a eu ni dysenterie, ni typhus, ni diarrhée, ni typhoïde.

Tous les prisonniers ont été vaccinés contre la variole, puis, la réaction terminée, ils ont reçu quatre injections de sérum antityphoïdique de Vincent.

La mortalité comporte deux cas :

1 des suites d'une trépanation pour blessures de guerre,

1 d'urémie.

Prisonniers invalides. Les 15 invalides turcs du camp se dénombrent comme suit :

2 amputés d'un bras,

5 amputés d'une cuisse ou d'une jambe,

6 cas de fractures avec atrophies, calvicieux ou raccourcissement,

1 aveugle,

1 paralysie des membres inférieurs.

Ceux de ces mutilés qui en sont capables apprennent en ce moment le métier de tailleur ou de cordonnier, dans les ateliers, sous la direction de camarades expérimentés. Il y a lieu de faire de pressantes démarches pour renvoyer ces 15 malheureux dans leur patrie. Bien qu'ils aient les appareils de prothèse nécessaires, qu'ils soient traités avec une parfaite humanité, la captivité est plus dure à ces grands blessés qu'aux prisonniers bien portants.

Etat d'esprit des prisonniers. L'état d'esprit des prisonniers du dépôt de Casabianda peut être qualifié de très bon; leur tenue est correcte; le fait que le local d'arrêt est toujours vide et qu'il n'y a pas de plaintes suffiraient à le prouver.

Nous rendons spécialement hommage à l'esprit actif et bienveillant du commandant Chapuis, inspecteur des dépôts de prisonniers de guerre de l'île de Corse, qui, inlassablement, parcourt les camps et les chantiers de l'île, faisant droit, autant qu'il est possible, aux vœux des prisonniers, conciliant l'amélioration de leur sort avec la nécessité d'utiliser la main d'œuvre pour les travaux des champs. Nous avons été favorablement impressionnés, en Corse et dans le midi de la France, par l'absence de toute clôture autour des cantonnements des prisonniers. Partout la surveillance se fait sans rudesse et sans grossièreté.

Les Délégués du Comité international de la Croix-Rouge :

Dr F. BLANCHOD. **F. THORMEYER.**

Emmanuel SCHOCH.

III

RAPPORT

sur la visite aux camps de prisonniers ottomans en Egypte en Décembre 1916 et Janvier 1917.

Introduction

Chargés par le Comité international de la Croix-Rouge de visiter les prisonniers de guerre ottomans en Egypte, nous nous sommes présentés, le 3 décembre 1916, à l'officier du Transport Naval, office anglais à Marseille qui, sur l'ordre du War Office, nous réquisitionna des places à bord du paquebot *Morea*, de la Peninsular and Oriental Co. Nous nous sommes embarqués à Marseille le 10 décembre 1916, et sommes arrivés sans incident à Port Saïd le 27 décembre.

Au Caire, le général Murray, commandant en chef des armées anglaises en Egypte, voulut bien nous mettre en rapport avec le général sir Carrel, directeur général du service des prisonniers de guerre. Avec l'aide du colonel Simpson, nous avons établi le programme de nos visites. Nous eûmes une automobile à notre disposition, et l'autorisation de prendre des photographies dans les camps, de distribuer des dons aux prisonniers et de nous entretenir librement avec eux.

Nous tenons à exprimer au général Murray, ainsi qu'aux

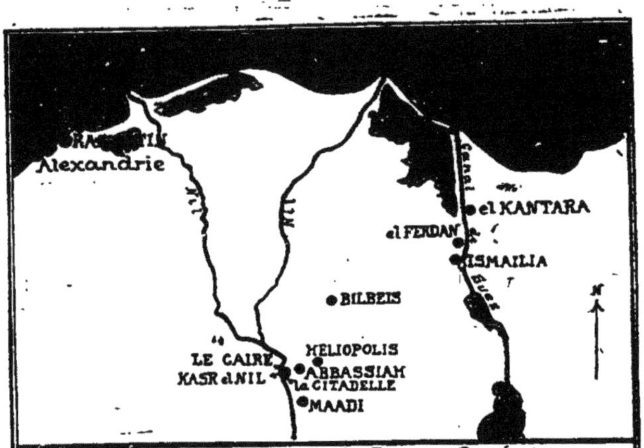

Alexandrie

Nil

Nil

Canal de Suez

el KANTARA

el FERDAN

ISMAILIA

BILBEIS

N

HELIOPOLIS

LE CAIRE

KASR el NIL

ABBASSIAH

la CITADELLE

MAADI

Comité International de la Croix-Rouge. Genève.

Carte des Camps et Hôpitaux de Prisonniers en

EGYPTE

11 Mars 1917.

E. Lagier.

officiers qui nous ont laissé enquêter partout, sans aucune restriction, notre très vive reconnaissance.

Sir Reginald Windgate, haut commissaire britannique en Egypte, dont la bienveillante protection nous a accompagnés, pendant tout notre séjour, voudra bien recevoir ici l'expression de notre sincère gratitude.

1. Camp d'Heliopolis

Visité le 2 janvier 1917.

Ce camp est installé à proximité immédiate de la nouvelle cité d'hôtels et de villas, créée en 1905, sous le nom d'Oasis d'Heliopolis. L'emplacement du camp est à 40 mètres d'altitude au-dessus du niveau du Caire.

Effectif : 3906 sous-officiers et soldats turcs.
3 soldats sanitaires turcs.
2 médecins arméniens, officiers de l'armée ottomane.

Ce camp est aménagé pour contenir une population totale de 15,000 hommes.

Une clôture de fils de fer barbelé le sépare des terrains avoisinants.

Logement. Les baraques habitées par les prisonniers, sont disposées par quartiers, en files parallèles, séparées par des passages de 20 mètres de largeur. Construites par les soins du génie égyptien, ces baraques sont d'un type uniforme et mesurent environ 13 mètres de longueur sur 9 mètres de largeur. Elles présentent un solide bâti de bois, dont les intervalles sont garnis de roseaux placés verticalement et maintenus par des traverses. Le toit est en claies de roseaux, garnies de carton goudronné. Grâce à ce genre de construction, l'aération est parfaite. Le sol sablonneux ne présente aucune trace d'humidité. Le passage entre les rangées de lits est fait de terre battue très sèche et facile à tenir propre. Tout le long de ce corridor comme dans toutes les rues du camp, sont alignés des baquets pleins d'eau pour parer aux dangers d'incendie. L'eau de ces seaux n'étant pas destinée à la boisson, est légèrement additionnée de crésol, pour empêcher les prisonniers d'en boire. Le risque d'incendie est d'ailleurs réduit au minimum par le fait que les hommes ne fument qu'en plein air et que la douceur du climat dispense de l'usage de poêles.

Chaque baraque est calculée pour 50 hommes.

Couchage. Chaque prisonnier couche sur une natte en jonc tressée, et dispose de 4 couvertures. Tous les matins, les nattes sont brossées et roulées et les couvertures pliées, de sorte que l'intérieur de la baraque présente, dans la journée, un espace libre considérable.

Les dispositions de couchage sont les mêmes dans les locaux disciplinaires.

Promenade. L'espace laissé entre les baraques de chaque secteur est largement suffisant pour la promenade, qui n'est soumise à aucune restriction dans la limite des heures réglementaires.

Alimentation. Les vivres sont achetés par l'intendance et apportés chaque matin dans une baraque spéciale, où chaque section reçoit sa ration journalière. Le pain vient des boulangeries du Caire. Il est sain et agréable au goût. Les cuisines sont installées en plein air et sont chauffées au bois. Le service en est fait par une escouade de prisonniers sous les ordres d'un chef de cuisine. A l'heure des repas, chaque section envoie des hommes chercher dans de grands bassins en métal la ration de chaque chambrée Les hommes ont chacun leur gamelle, leur cuillère et leur timbale, le tout en métal. Les heures de repas sont ordinairement les suivantes :

5 heures du matin, 11 heures et 4 heures du soir.

Ce dernier repas est le principal de la journée. Nous avons examiné les différents éléments de l'alimentation des prisonniers et nous les avons trouvés d'excellente qualité.

Le menu des prisonniers de guerre ottomans internés au camp d'Heliopolis se compose de pain, viande, légumes, riz, beurre, poivre, sel, oignons, thé (7 ½ gr.), sucre 42 gr., fromage, confitures ou olives.

Chaque prisonnier reçoit 42 ½ grammes de cigarettes, et 2 boîtes d'allumettes par semaine ; 2 livres de bois de chauffage par jour, et du savon.

Il nous a paru intéressant de noter, d'après les renseignements que nous ont fournis les autorités anglaises, les dépenses nécessitées par l'entretien de chaque prisonnier ottoman.

Le calcul est fait pour une période de 6 mois (saison d'hiver).

	Livres st.	Shelling	Pence
Vêtements et linge	3	—	—
Renouvellement périodique des habits d'hiver.	—	6	6
Renouvellement du linge et des chaussures, essuie-mains, 2 fois....................	1	10	—
Nourriture aux prix actuels des contrats......	5	—	—
Tabac.................	—	12	6
Bois (prix moyen)................... ..	—	7	6
Eclairage (calculé pour le camp de Maadi).....	—	2	—
Dépenses pour le filtrage de l'eau (Maadi).....	—	6	—
Total........................	10	10	—

L'amortissement des bâtiments, du mobilier, des couvertures et autres fournitures n'est pas compris dans ces chiffres.

Cantine. L'alimentation régulière des prisonniers étant largement suffisante, le rôle de la cantine, au point de vue de la nourriture, est très réduit. Elle débite surtout du thé, du café et de menues denrées. La tasse de thé sucré est vendue 5 paras, soit 1/8 de piastre (environ 3 centimes). On trouve également, à la cantine, du papier, des cartes postales, du fil, des aiguilles, des boutons et autres petites fournitures.

Les hommes reçoivent gratuitement 2 onces de tabac par semaine. Ils ne touchent jamais d'alcool.

Habillement. Chaque prisonnier est muni de deux complets de linge : chemises, caleçons et chaussettes.

L'uniforme se compose d'un pantalon et d'une veste en drap bleu foncé. Les boutons en métal jaune lui donnent un aspect militaire.

Tous les hommes sont coiffés du fez rouge. Ils sont autorisés à porter leurs décorations. Leur situation de prisonniers de guerre est simplement indiquée par le port d'une plaque en métal blanc, d'environ 4 centimètres de diamètre, qui porte un numéro matricule et les deux lettres P. W. (prisoner of war). A notre avis, cette sorte de médaille est une indication plus discrète que les bandes, brassards ou grosses lettres utilisées ailleurs.

En été, les uniformes de drap sont remplacés par des uniformes de toile de même coupe et de même couleur.

Tous les hommes portent, au quartier, des babouches de cuir à l'orientale. Les souliers sont réservés à ceux des prisonniers qui sont employés à des travaux de jardinage, ainsi qu'aux sous-officiers.

Le linge, les vêtements et les chaussures sont renouvelés à date fixe ou selon les besoins.

Hygiène. Tout ce qui concerne l'hygiène et le service sanitaire du camp est du ressort du lieutenant-colonel G. Garner, inspecteur du Medical Office, pour les camps de prisonniers de guerre en Egypte.

L'eau est tirée à la canalisation de la ville d'Heliopolis, elle est de très bonne qualité et en quantité suffisante.

Pour leur toilette, les prisonniers utilisent deux fois par jour des douc[illegible]es e[illegible] robinets [illegible] sol du local est cimenté en pente inclinée, l'écoulement de l'eau se fait par une coulisse passant entre les deux rangées de douches.

Les prisonniers touchent de l'eau chaude à la cuisine, s'ils en ont besoin. Le savon est distribué à discrétion.

Pour la lessive, les prisonniers ont des installations très bien aménagées; une fois par semaine, les couvertures et les vêtements de chaque prisonnier sont passés à l'étuve et parfaitement stérilisés. Grâce à cette mesure, il n'y a pas trace de vermine dans le camp.

Dans un atelier bien aménagé, 10 coiffeurs ottomans sont occupés à tondre et à raser les prisonniers.

Les W. C. sont propres et en nombre suffisant. Une partie sont du système anglais, les autres à la turque; ils sont désinfectés chaque jour au carbolineum. La vidange se fait par le tout à l'égoût.

Soins médicaux. Le service de santé du camp est assuré par un médecin anglais, le colonel E. G. Garner, et 2 médecins arméniens, Arsen Khoren et Léon Samuel. 4 infirmiers anglais sont aidés par 3 infirmiers ottomans ; un dentiste anglais passe au camp sur réquisition du médecin.

A l'infirmerie, propre et bien tenue, tous les prisonniers peu gravement malades sont couchés dans des lits avec matelas et sommiers métalliques; le local de visite est abondamment fourni de médicaments.

Les cas graves sont évacués sur les hôpitaux réservés aux prisonniers de guerre.

20 à 30 hommes se présentent chaque jour à l'infirmerie pour être visités par le médecin. Tous les hommes sont inscrits dans un registre, que nous avons consulté ; à côté de chaque nom, on indique la maladie et le traitement institué.

Il y avait, au moment de notre visite, 6 malades alités à l'infirmerie : 2 tuberculeux du 1er degré, prisonniers capturés récemment à El Arisch, 1 diarrhée, 1 conjonctivite, 1 malaria et 1 blessure à la jambe.

Il y a parmi les prisonniers du camp 3 % d'hommes qui ont été atteints de malaria, cas anciens venant de régions marécageuses de la Turquie, Angora Yosgath par exemple. 9 % ont été atteints de dysenterie chronique [illegible] ils sont traités périodiquement par le sérum anti-dysentérique; quelques cas de dysenterie amibienne sont traités par le calomel, le salol, l'émétine.

20 % ont été atteints de conjonctivite due à leur séjour au désert avant leur captivité; ils sont traités au sulfate de zinc et au protargol.

4 prisonniers souffrent de trachômes anciens.

Les cas de maladies récentes sont des cas de policlinique, bronchite, diarrhées simples.

En règle générale, les prisonniers du camp ont bonne mine bon teint et sont en bon état de nutrition.

Les prisonniers ont été vaccinés en Turquie contre la fièvre typhoïde et contre la variole.

Tous ceux qui ne portaient pas de traces de cette vaccination ont été vaccinés de suite après leur capture.

Ils ont également tous été vaccinés contre le choléra.

Il n'y a dans le camp ni fièvre typhoïde, ni typhus exanthématique, ni aucune autre maladie infectieuse.

Travaux. Il n'y a pas de travail organisé pour les prisonniers. Aucun prisonnier n'est employé dans des chantiers hors du camp. Dans le camp même, en dehors des corvées ordinaires de quartier et de quelques légers travaux de jardinage, il n'y a pas d'atelier.

Pendant notre visite, nous avons vu qu'une canalisation d'eau qu'on établissait à travers le camp était creusée non par des prisonniers, mais par des ouvriers arabes.

En aucun cas, les caporaux et les sergents ne sont astreints au travail.

Cultes et distractions. Les prisonniers sont entièrement libres de se livrer à leurs pratiques religieuses, ils le font trois fois par jour en temps ordinaire, et six à sept fois par jour pendant le Ramadan. La musique, le chant sont permis ; les prisonniers ont confectionné quelques guitares et violons.

Correspondance. La plupart des prisonniers ont apporté de l'argent avec eux, quelques-uns ont reçu de leurs familles des sommes d'argent par l'intermédiaire du Croissant-Rouge ottoman et du Comité international de la Croix-Rouge. Ils en touchent le montant par fractions hebdomadaires de 30 piastres par mois, équivalant à fr. 7.50. Chaque prisonnier a un compte-courant individuel auprès du comptable du camp.

Les lettres mettent un temps variant de trois semaines à trois mois, pour parvenir de l'expéditeur au prisonnier destinataire. Elles passent en partie par l'intermédiaire du consul américain au Caire. Très peu de prisonniers savent écrire ; ceux qui écrivent peuvent le faire aussi souvent et aussi longuement qu'ils le veulent. Il n'y a pas de retard systématique pour la correspondance à l'arrivée ou au départ.

Secours aux prisonniers. Il n'y a pas de comité de secours au camp ; aucun secours collectif n'a été envoyé jusqu'à ce jour. Le sergent-major Hussein Hissan, originaire de Constantinople, nous a dit que, bien qu'il y ait beaucoup de prisonniers pauvres au camp, il n'est d'aucune utilité d'envoyer des secours, tous les prisonniers étant bien nourris, bien habillés et touchant du tabac.

Etat d'esprit des prisonniers. Ce qui frappe avant tout, en pénétrant dans le camp, c'est l'ordre et la propreté qui y règnent.

Un sergent-major ottoman est à la tête d'un groupe de baraquements, un sergent ottoman est responsable de chaque chambrée. Les prisonniers ont une très bonne tenue, ils saluent militairement et prennent position au passage des autorités, sur l'ordre de leurs sous-officiers.

Les sergents-majors Hassar Mohammed d'Angora et Hamid Abdallah de Koniah (en Asie Mineure) nous ont déclaré, au nom de leurs camarades, qu'ils n'ont aucune plainte à formuler, et nous ont confirmé le traitement bienveillant dont ils sont l'objet.

De leur côté, les officiers et sous-officiers anglais déclarent que les prisonniers sont disciplinés et ont beaucoup de bonne volonté. En résumé, nous remportons une excellente impression du camp d'Heliopolis.

2. Hôpital N° 2 à Abbassiah (près du Caire)

Visité le 2 janvier 1917.

Cet hôpital du système à pavillons, installé selon les exigences de la médecine moderne, est réservé exclusivement aux prisonniers de guerre allemands, autrichiens, bulgares et turcs. L'hôpital est sous la direction du médecin en chef Wickermann, assisté de 4 médecins anglais. Un certain nombre d'infirmières de la Croix-Rouge anglaise et 18 infirmiers turcs donnent leurs soins aux malades et blessés. Ces infirmiers et ces infirmières ne s'occupent que du traitement. Les gros travaux de salle, les nettoyages sont faits par des employés indigènes. Les pavillons sont des constructions en pierre, séparées par des avenues de 10 mètres de largeur ; le toit est en ciment. Sur un des côtés court une galerie couverte, où l'on place des lits et des fauteuils pour la cure d'air des malades, à qui elle est prescrite. Le sol des pavillons est fait d'une sorte de linoléum composé de sciure et de ciment et recouvert de nattes en palmier tressé. Les fenêtres sont grandes, le cube d'air amplement suffisant. Les lits placés sur deux rangées ont un sommier métallique et un matelas. Le nombre des couvertures n'est pas limité. La propreté la plus parfaite règne dans ces locaux. L'étuve à stérilisation de l'hôpital sert à désinfecter les vêtements qui, lavés et étiquetés, sont placés dans un vestiaire et rendus aux prisonniers à leur sortie de l'hôpital. Les prisonniers n'ont pas à s'en occuper. Il y a à la buanderie une grande réserve d'effets pour les prisonniers.

Habillement. Les prisonniers à l'hôpital sont vêtus du même pyjama que les soldats anglais; les convalescents ont, comme les soldats anglais, un complet bleu clair à revers blancs, avec cravate rouge. Les malades en état de s'asseoir ont à leur disposition des fauteuils pliants.

Matériel de pansement. La pharmacie de l'hôpital est abondamment pourvue. Les blessés sont traités avec les instruments chirurgicaux et prothétiques les plus perfectionnés.

Le jour avant notre visite, 80 prisonniers blessés étaient arrivés à l'hôpital, venant d'El-Arish, épuisés et amaigris. Nous avons vu appliquer à chaque cas un traitement bien approprié. Les attelles pour fractures le plus souvent utilisées sont composées d'un cadre de métal ; d'un bord à l'autre sont tendues des bandes de flanelle formant gouttière ; quand le membre fracturé est en place, on suspend l'appareil par un système de poulies au plafond. Cet appareil, de structure ingénieuse, que nous n'avions vu dans aucun des hôpitaux d'Allemagne ou de France, nous paraît très pratique et destiné à rendre de grands services aux blessés. A la tête de chaque lit, se trouve une feuille de température, une feuille de régime et un résumé clinique du cas.

Locaux spéciaux. La salle d'opération est bien aménagée. Une étuve à stérilisation fonctionne au pétrole. Dans les salles pour les prisonniers atteints de la malaria, les lits sont couverts d'un moustiquaire, pour éviter que les anophèles ne viennent s'infecter et piquer ensuite les autres malades ou les habitants du voisinage. Deux salles servent aux convalescents. Elles ont un réfectoire où ils se tiennent pendant la journée.

Les vénériens sont aussi dans un local séparé.

Les infirmiers campent sous deux tentes confortables, dans le jardin de l'hôpital. L'une est destinée aux infirmiers du service de jour, l'autre à ceux du service de nuit.

Hygiène. — L'eau est de bonne qualité; elle vient de la canalisation de la ville du Caire ; les prisonniers utilisent à discrétion, les douches chaudes et froides bien installées, les malades se lavent ou sont lavés à l'aide de cuvettes, les convalescents vont se laver aux robinets qui leur sont destinés.

Les *W. C.* sont du système à la turque, avec chasse d'eau automatique, dans le tout à l'égoût de la ville.

Alimentation. Les vivres sont fournis par un entrepreneur lié, par contrat, à la direction de l'hôpital. Ils sont préparés à la cuisine par 4 employés égyptiens. Les régimes pour les soldats ottomans sont un peu différents de ceux destinés aux prisonniers allemands et autrichiens, ceci pour mieux les adapter au goût de chacun; par exemple, les Turcs préférant le pain en galette, on leur en confectionne; les prisonniers européens reçoivent du pain dit pain anglais, rôti en toasts. Pour les dysentériques on prépare du lait bulgare, dont les médecins anglais constatent les bons effets. Une glacière installée dans chaque pavillon permet de tenir au frais les aliments qui doivent y séjourner. Le régime des malades est divisé en diète complète et diète au lait.

1. Diète complète :

Premier déjeûner........ Pain - Lait.
Lunch.................. Viande hâchée - Légumes - Riz - Pain.
Souper................. Pain - Soupe - Riz - Lait.

Extras sur prescription : Poulets - Pigeons - Lapins - Viande de boucherie - Citrons - Œufs - Fromage - Yoghourt.

2. Diète au lait :

Premier déjeûner........	Pain - Lait.
Lunch..................	Soupe - Pain - Lait - Riz.
Souper.................	Pain - Lait - Sucre.

Les quantités de nourriture fournies aux malades sont indiquées dans le tableau suivant :

	Diète ordinaire		Diète au lait			Diète pour fiévreux
Pain indigène (baladi)	937	gr.	625	gr.		
Bœuf...............	115	»	100	»	pr la soupe	
Légumes............	120	»				
Riz................	115	»	50	»		
Lait...............	200	»	800	»		1,200 gr.
Graisse............	20	»				
Sucre..............	20	»	25	»		
Sel................	15	»	5	»		
Poivre.............	3	gr.	0,1	gr.		
Oignons............	20	»				
Tomates............	10	»				

Toutes ces denrées, que nous avons examinées, nous ont paru d'excellente qualité.

Morbidité. Les prisonniers malades sont transportés des camps à l'hôpital, dans des voitures automobiles spécialement aménagées. Les médecins anglais sont unanimes à reconnaître la patience des prisonniers ottomans malades et leur résistance à la douleur. Les cas en traitement à l'hôpital se résument comme suit, à la date du 2 janvier 1917, jour de notre visite.

	Ottomans	*Bulgares*	*Allemands*
Tuberculose..............	27	0	0
Dysenterie bacillaire.......	37	3	2
Malaria..................	3	0	0
Blessures de guerre.......	74	2	4
Anémie et faiblesse.......	30	12	5
Cas divers...............	96	5	0
Total..............	267	22	11

Il n'y a pas de maladie épidémique à l'hôpital.

Mortalité. 66 prisonniers turcs sont morts à l'hôpital d'Abassiah, du 8 août 1916 au 1er janvier 1917.

Dysenterie	45
Tuberculose	9
Beri-béri	1
Malaria	1
Blessures de guerre	9
Paratyphoïde	1
Total	66

En outre, un prisonnier allemand est mort de pneumonie. En ce qui concerne les décès par dysenterie, la majorité des prisonniers qui en étaient atteints venaient du Hedjaz et étaient dans un état grave de débilité et d'inanition.

Les prisonniers ottomans sont ensevelis selon le rite de leur religion. Ils sont inhumés dans un cimetière musulman ; les soldats anglais de la garnison rendent les honneurs et une délégation des prisonniers assiste à la cérémonie.

3. Camp de Maadi

Visité le 3 janvier 1917.

Le camp principal de Maadi est situé à 15 kilomètres au sud du Caire, sur la rive droite du Nil. Tous les prisonniers sont amenés là après leur capture, puis répartis dans les autres camps de l'Egypte.

Effectif. 5,556 sous-officiers et soldats ottomans, parmi lesquels il y a 1,200 hommes faits récemment prisonniers à El-Arish, dans la péninsule du Sinaï.

Aucun officier n'est interné dans ce camp ; 3 imans (prêtres) ayant servi comme simples soldats ne sont pas assimilés aux officiers.

Il y a parmi les prisonniers, outre les Ottomans, des Arabes, des Arméniens, des Grecs, des Juifs de Palestine et de Mésopotamie et quelques Sénoussis. Un petit nombre seulement sont captifs depuis le début de la guerre ; une forte proportion provient de Gallipoli. Nous avons trouvé parmi les prisonniers un garçon de huit ans, Abd-el-Mohsen, qui demeure au camp avec son père.

Le camp est divisé en 41 sections et en 4 quartiers ; ces derniers sont séparés les uns des autres par des clôtures en fil de fer barbelé.

Logement. Les logements des prisonniers ottomans au camp de Maadi comprennent : 1. Les bâtiments anciens qui avaient été primitivement construits pour une école de musique et utilisés ensuite pour une fabrique. 2. Les baraques édifiées récemment à l'usage des prisonniers de guerre. Les premiers consistent d'abord par une immense salle de 80 mètres de longueur sur 15 de largeur, dont les murs de pierre sont percés de nombreuses et vastes baies. Le toit formé de planches jointoyées est à 10 mètres au-dessus du sol. Des fontaines à robinet sont disposées sur toute la longueur de la salle. En outre, un certain nombre de bâtiments annexes sont affectés aux services d'administration et aux dépôts.

Dans les autres sections du camp, les nouvelles baraques dont les dimensions sont généralement de 30 m. sur 12 m., sont constituées par une ferme en charpente. Les parois et la toiture sont en planches et en roseaux. Le sol est en terre battue. Tous les locaux du camp étant largement ouverts, la question de l'aération ne se pose pas.

Couchage. Dans le sens de la longueur de tous les locaux, sont établis des terre-pleins en terre battue de 2 mètres de largeur, faisant sur le sol une saillie d'environ 25 centimètres. C'est sur ce terre-plein que sont placées les nattes en jonc tressé qui servent de couche. Chaque prisonnier dispose de 3 couvertures. A l'époque où la température s'abaisse sensiblement pendant la nuit, on donne des couvertures supplémentaires. Tous les objets de literie sont régulièrement nettoyés et désinfectés. Entre les rangées de lits sont établies des tablettes où les prisonniers peuvent ranger leurs effets personnels.

Alimentation. L'alimentation des prisonniers de guerre est conforme aux normes que nous avons déjà indiquées. Les cuisines sont installées dans chaque section et desservies par les prisonniers eux-mêmes. Nous avons goûté la soupe et le ragoût de viande que nous avons trouvés de bonne qualité et d'un goût excellent. Les prisonniers reçoivent le *baladi*, pain indigène, qui correspond à leur alimentation usuelle et qui est fourni par les boulangeries du Caire. Nous avons interrogé de nombreux hommes qui nous ont tous affirmé être contents de la nourriture. La seule réclamation que nous ayons enregistrée est celle d'un homme qui trouvait qu'on donnait trop souvent du riz. Une petite cantine fournit du café noir, qui est vendu un dixième de piastre (2 ½ centimes) la tasse avec sucre. Cette cantine est une entreprise privée, placée sous la surveillance des autorités. Le tabac est distribué chaque jeudi selon la norme indiquée.

Habillement. Aussitôt après leur arrivée au camp, les prisonniers ont été conduits dans une vaste cour, où ils ont quitté tous leurs effets d'habillement et leurs chaussures. Par mesure d'hygiène, tout ce matériel a été abandonné et mis au rebut. Après une désinfection, les hommes ont reçu un équipement neuf complet consistant en : 2 caleçons et 2 chemises de flanelle, une ceinture en étoffe, des chaussettes, un pantalon et un veston en drap bleu foncé avec doublure de toile et boutons d'uniforme, et un fez rouge. Des babouches en cuir pour les soldats et des souliers pour les sergents et caporaux complètent cet habillement, dont la propreté ne laisse rien à désirer. En outre, le jour de notre visite, la température étant de 12° C. au-dessus de zéro, un grand nombre d'hommes avaient endossé leurs pardessus en drap épais. Chaque prisonnier porte, attachée à sa veste, la petite plaque de métal portant son numéro matricule. Les sous-officiers sont distingués par un brassard de toile blanche, traversé d'une bande bleue pour les caporaux et de bandes rouges pour les sergents. Le sergent-major porte un brassard rouge.

Hygiène. L'eau potable utilisée au camp est tirée par

deux pompes à vapeur d'un puits foré au bord du Nil, à une profondeur notable. L'eau du Nil, passant par une sorte de filtre naturel, est ainsi amenée dans un réservoir dominant le camp et répartie partout sous pression. Les analyses bactériologiques faites chaque semaine au début de l'installation, chaque mois actuellement, ont démontré la parfaite pureté de l'eau.

L'eau de toilette est abondante. Des douches chaudes et froides sont installées partout. Les prisonniers sont forcés d'y venir une fois par semaine, mais peuvent, s'ils le désirent, se doucher 4 fois par jour. En été surtout, les douches sont constamment en activité.

Les prisonniers touchent du savon en suffisance et lavent eux-mêmes leur linge sur des tables de bois aménagées sous des robinets d'eau.

Deux étuves à vapeur sous pression fonctionnent au camp. Chaque semaine, les couvertures passent à l'étuve. Il n'y a au camp ni puces, ni poux, ni punaises.

Les latrines utilisées de jour sont à 100 mètres des baraquements. Elles sont du système à la turque, sur tinettes mobiles ; il y a une tinette pour 10 prisonniers. Dans chaque tinette est une solution de crésol. Les gadoues sont enlevées chaque jour par la voirie du Caire et transformées en engrais. Des latrines situées tout près des baraques sont réservées à l'usage de nuit et cadenassées pendant le jour.

Soins médicaux. Le service de santé du camp de Maadi est assuré par le médecin-chef capitaine Schrimgour, en temps de paix médecin à Nazareth. Il est assisté d'un médecin-adjoint anglais et de 4 médecins arabes, originaires de Syrie. Tous ces médecins parlent le turc et l'arabe. 9 infirmiers anglais sont aidés par 12 infirmiers turcs pour le service des malades. Un dentiste vient au camp sur demande. L'infirmerie comprend trois locaux bien aménagés dans des bâtiments en maçonnerie. Ils peuvent contenir 40 malades.

Le couchage à l'infirmerie consiste en lits de fer à sommiers métalliques, garnis d'un matelas. Les couvertures sont chaudes et en nombre illimité.

Maladies. 300 à 400 prisonniers se présentent aux médecins chaque matin ; ce nombre équivaut au 8 % de l'effectif du camp. Bien que ces hommes viennent souvent à la visite pour des bobos, pour un peu de constipation, pour un simple petit bouton, les médecins tiennent à n'empêcher personne de se porter malade ; cela leur permet de mieux contrôler l'état sanitaire du camp.

Au moment de notre visite, il y avait à l'infirmerie 7 malades alités dont : 1 cas de gale, 1 diarrhée, 1 névralgie, 1 abcès au cou, 1 rhumatisme articulaire, 1 gastrite. Un prisonnier, trépané par les médecins turcs pour enfoncement du crâne, avant sa captivité, après des mois de paraphégie, reprend peu à peu des mouvements et une sensibilité normale.

Depuis la fondation du camp, il y a eu 35 cas de malaria tierce, venant tous du Hedjaz, Mekka, Taïf et Djedda. Il n'y a pas eu de malaria pernicieuse. 11 cas de tuberculose ont été évacués dans les hôpitaux du Croissant-Rouge égyptien et d'Abbassiah. 6 cas de trachome sont encore actuellement traités par des attouchements de protargol. En été, il y a eu quelques cas de diarrhée sans gravité. Il n'y a eu dans le camp ni dysenterie, ni typhoïde, ni typhus exanthématique, ni aucune autre maladie épidémique.

Tous les prisonniers sont vaccinés contre la variole, contre la fièvre typhoïde et contre le choléra.

Grands blessés et mutilés. Une section spéciale du camp comprend 55 blessés de guerre mutilés. Ils sont munis de tous les appareils de prothèse perfectionnés, membres artificiels articulés. Il y a parmi eux deux aveugles. 60 autres blessés sont moins gravement atteints ; ils souffrent de raideur, d'ankylose, d'atrophie ; ils sont bien approvisionnés de cannes et de béquilles.

Mortalité. Deux prisonniers âgés sont morts au camp ; tous deux d'apoplexie. Ils ont été ensevelis avec les honneurs militaires dans le cimetière musulman le plus voisin du camp.

Promenade. Le temps de promenade dans l'espace de terrain qui entoure les baraques n'est pas limité.

Travail. Les prisonniers ne travaillent pas. Quelques essais ont été faits pour leur apprendre à confectionner des chaussures ; le résultat n'ayant pas été favorable, on y a renoncé. Quoiqu'il y ait beaucoup d'agriculteurs parmi les prisonniers, on ne saurait les employer au travail de la terre chez les indigènes, à cause de la facilité qu'ils auraient à s'évader et de la nécessité d'avoir de nombreux soldats pour les surveiller. Cependant, depuis quelques semaines, le commandant du camp emploie à titre d'essai quelques prisonniers à la culture maraîchère, sur des terrains situés au bord du Nil, à proximité immédiate du camp.

Discipline. Au point de vue de la discipline, il n'y a presque pas de plaintes, et les punitions ont été très rares. Un cas d'évasion a été puni de 3 mois de prison sans aucune différence pour la nourriture. Seul le tabac a été supprimé. Un récidiviste a été déféré à la Cour martiale, qui l'a condamné à six mois de prison. Les locaux d'arrêt sont des cellules entièrement en ciment ; deux fenêtres grillées placées à la partie supérieure éclairent la pièce, suffisamment spacieuse.

Droit de plainte. Le commandant du camp fait chaque semaine une inspection générale. Chaque prisonnier a le droit de sortir du rang et d'exposer ses doléances. Le commandant s'entretient avec les prisonniers par l'intermédiaire de plusieurs officiers anglais qui parlent l'arabe et le turc. En outre, les prisonniers ont le droit de s'adresser au commandant en chef et au général Cassen, qui font fréquemment des tournées d'inspection dans les camps.

Cultes. Les prisonniers ont toute faculté d'exercer leur culte. On a construit pour les mahométans une petite mosquée, autour de laquelle s'alignent les tapis de prière. Quelques-uns lisent régulièrement le Coran, d'autres paraissent indifférents. Malgré les différences de races, d'origine et même de religion, un bon esprit règne parmi les prisonniers. Il y a très peu de querelles.

Jeux et distractions. En fait de jeux et de distractions, les prisonniers n'ont de goût que pour la lutte, les cartes et les dominos. On leur a proposé le foot-ball sans succès.

Quelques-uns ont confectionné avec beaucoup d'habileté des mandolines, des guitares, des tambourins. Tous les matériaux ainsi que les jeux sont fournis gratuitement par l'autorité anglaise. Le commandant du camp leur a acheté des gramophones. Plusieurs prisonniers fabriquent des objets en perles de couleur, sacs à main, bourses, colliers, serpents, etc., qui ne manquent pas d'un certain goût artistique. Nous avons fait l'acquisition à titre de spécimen d'un des plus beaux ouvrages. Ces objets se vendent couramment au Caire dans les magasins de curiosités. Une section de 1,200 prisonniers a retiré de cette vente la somme de 2,500 francs en quinze jours.

Correspondance. La majorité des prisonniers reçoit très peu ou pas de lettres. Ils ont le droit d'écrire dans leur langue une fois tous les 15 jours. Ils se servent peu de cette facilité. Il paraît que beaucoup de lettres adressées à leurs familles en Turquie sont revenues, le destinataire n'ayant pas été trouvé. Un certain nombre d'Ottomans, pris près de Bagdad et qui avaient été transportés en Birmanie, y recevaient de l'argent de chez eux, mais n'ont plus rien reçu depuis un ou deux mois qu'ils ont été transférés à Maadi. Il est probable que l'argent aura été renvoyé à la famille ou sera réexpédié d'office au nouveau lieu d'internement, ce qui prend toujours un temps assez long. Plusieurs prisonniers ont profité de leur captivité pour apprendre à lire et à écrire avec l'aide de leurs camarades. Beaucoup d'hommes avaient de l'argent sur eux au moment où ils ont été capturés. Cet argent mis en compte-courant leur est délivré par acomptes mensuels sur leur demande. Nombreux sont les prisonniers qui ont reçu de leurs familles des mandats, par l'intermédiaire du Comité international de la Croix-Rouge. Les colis arrivent rarement, ils sont ouverts devant le destinataire ; les couteaux sont seuls séquestrés.

Secours aux prisonniers. A part quelques hommes qui ont exprimé le désir d'avoir un peu d'argent pour acheter des suppléments de tabac et de café, nous sommes convaincus qu'il n'y a pas de nécessiteux au camp de Maadi.

Etat d'esprit. Il résulte des nombreuses questions que nous avons posées qu'aucun mécontentement ne règne parmi les prisonniers au sujet du traitement. Les prisonniers nous ont surtout exprimé leurs inquiétudes au sujet de leurs familles dont ils sont sans nouvelles. Le clergé arménien du Caire s'occupe avec sollicitude de ses compatriotes.

4. Hôpital du Croissant-Rouge égyptien au Caire

Visité le 4 janvier 1917.

Le Croissant-Rouge égyptien, présidé par Son Altesse le prince Fuad Pacha, tenant à venir en aide à ses coreligionnaires, a fondé, en mars 1915, un hôpital où sont traités les prisonniers de guerre ottomans malades ou blessés. Cet hôpital est placé sous la direction exclusive du Croissant-Rouge ottoman, qui entre en liaison avec l'autorité anglaise par l'organe du Dr Kœtinge, professeur à la Faculté de médecine du Caire.

Personnel sanitaire. Tous les médecins de l'hôpital sont égyptiens ; outre le médecin-directeur, Dr Abbas-Bey-Helmy, il y a deux médecins habitant l'hôpital, 3 chirurgiens et 1 pharmacien.

Des médecins consultants de la ville viennent sur demande pour les affections du nez, des oreilles et des yeux. Un spécialiste du Caire met également ses installations de rayons X à la disposition des malades de l'hôpital. L'infirmière-directrice est américaine; elle a sous ses ordres 3 gardes-malades anglaises.

32 infirmiers égyptiens font le service des salles.

Logement. L'hôpital du Croissant-Rouge égyptien est installé dans un ancien palais d'Omar-Pacha-Lufti, situé dans un vaste jardin très verdoyant et bien entretenu. Les proportions des salles assurent une circulation facile et une aération parfaite. Le bâtiment n'ayant pas été construit en vue de sa destination actuelle, les divers services sont un peu dispersés, mais on les a aménagés de la manière la plus pratique possible. Un vaste corridor fait communiquer les salles, qui ont en général 7 m. sur 7 m. et 8 m. de hauteur. Les grandes salles sont de dimensions beaucoup plus consirables, et leur ornementation élégante leur donne un cachet très particulier. Au premier étage, les chambres où sont logés les tuberculeux mesurent 5 m. × 5 × 4, ce qui constitue un cubage très satisfaisant pour les 4 lits qui occupent chaque pièce. Le sol est fait de grandes dalles. La plupart des chambres donnent sur le jardin et sur une cour plantée d'arbres. Le bâtiment occupé par les hommes de garde est complètement séparé de l'hôpital. L'électricité est installée partout.

Couchage. Les lits de fer, passés au ripolin blanc, sont séparés les uns des autres, par des tables de nuit. Le sommier, le matelas, les draps et les oreillers sont en très bon état. Le nombre des couvertures n'est pas limité. Les lits sont recouverts de jolies couvertures en piqué blanc et bleu, portant au milieu le Croissant-Rouge. Cette innovation toute récente, est d'un joli effet.

Alimentation. La fourniture des aliments est assurée par un contrat avec un chef de cuisine. Les menus sont établis par les médecins, suivant le régime prescrit. Nous avons goûté le menu du jour et l'avons trouvé excellent. Toutes les provisions que nous avons examinées sont de bonne qualité et soigneusement surveillées. La cuisine avec ses fourneaux bien installés et sa batterie brillante, produit un bon effet. Le service est fait par les employés du chef.

Chaque homme est pourvu de deux gamelles en cuivre rouge étamé et d'un gobelet pour la boisson. Tous les malades reçoivent deux fois par jour du thé sucré. Les officiers ont à leur choix du thé ou du café.

Voici le régime de l'hôpital :

Régime des officiers

Déjeûner du matin : Pain européen - Lait frais - 3 œufs - Thé - Café.

Lunch : Mouton - Deux plats légumes ou riz-macaronis -

Riz au lait - Salade - Café - Fruits.
Dîner : Comme le lunch, moins les fruits.

Régime ordinaire

Déjeûner du matin : Pain arabe - Lait frais sucré.
Lunch : Pain arabe - Bœuf - Riz - Légumes.
Dîner : Pain arabe - Soupe au riz - Riz au lait (Pudding).

Régime lacté

Déjeûner du matin : Pain, 350 gr. - Lait sucré.
Lunch : Pain arabe - Soupe - Bouillon de bœuf - Riz au lait.
Dîner : Pain, 350 gr. - Lait sucré.

Régime pour fiévreux

Déjeûner du matin : Lait, 400 gr., sans sucre.
Lunch : 400 gr. lait sans sucre.
Dîner : 400 gr., lait sans sucre.

Le dimanche et le jeudi, le mouton est remplacé par de la volaille. Ces deux mêmes jours, les fruits sont remplacés par un supplément de sucre, de riz et de macaronis. La ration du pain arabe est de 780 grammes pour le régime ordinaire ; celle du pain européen de 450 grammes. La proportion des autres articles est également large.

Habillement. Les vêtements des malades sont conservés dans un dépôt et remplacés par 2 chemises de nuit, un manteau d'hôpital, muni d'un capuchon et des pantoufles.

Hygiène. L'eau potable et l'eau de boisson sont tirées de la canalisation de la ville et filtrées avant l'usage. Des lavabos à eau courante, des bains, des douches chaudes et froides, des bains turcs sont amplement installés. Des latrines à la turque ont été aménagées dans les annexes du palais. Le service de la buanderie et du repassage est assuré par des indigènes.

Locaux spéciaux. L'hôpital du Croissant-Rouge est muni d'une salle d'opérations spacieuse, claire, pourvue de tout le matériel nécessaire. Dans une salle voisine, une étuve à pression, fabriquée par des ouvriers indigènes d'après un modèle français, permet la stérilisation parfaite des instruments et du matériel de pansement. Depuis la création de ces installations perfectionnées, les infections, érysipèles, ont disparu complètement de l'hôpital et la mortalité post-opération atteint à peine un quart pour cent.

Un laboratoire est destiné aux analyses sommaires ; les analyses chimiques ou bactériologiques plus complètes se font dans un institut de la ville. La pharmacie est bien approvisionnée et contient les médicaments les plus modernes.

Six salles sont réservées aux tuberculeux, qui ont leurs infirmiers spéciaux. Les tuberculeux qui peuvent quitter leur lit passent la plus grande partie du jour dans un jardin du palais qui leur est réservé.

Une salle est occupée par les officiers blessés, une autre par les aspirants-officiers, deux salles sont destinées aux malades atteints de dysenterie. Les opérés sont réunis dans une chambre spéciale à proximité de la salle d'opérations. Trois tentes confortables, du système anglais, montées dans le jardin serviraient, en cas d'arrivées impromptues de prisonniers malades ou blessés, à recevoir des convalescents qui céderaient leur place dans le palais aux nouveaux arrivants. Toutes les salles sont propres et bien tenues; à la tête de chaque lit est une feuille d'observation pour la maladie et la température.

Morbidité. Depuis le 17 mars 1915, date de sa fondation, jusqu'au jour de notre visite, l'hôpital du Croissant-Rouge égyptien a hospitalisé 2245 prisonniers blessés ou malades.

Il y a en ce moment 149 prisonniers en traitement, soit 8 officiers et 141 soldats ottomans, se répartissant comme suit :

Chirurgie (blessures de guerre) : 66 cas, il y a parmi eux 13 invalides et 6 amputés qu'on garde depuis longtemps à l'hôpital,

Maladies internes : 38 ; parmi les cas les plus graves de maladies internes que nous avons notés, citons : 4 bilieuses hémoglobinuriques, venant de Bagdad ; 6 dysentériques, malades anémiés et affaiblis ; 4 néphrites chroniques.

Maladies d'yeux : 25.
Tuberculoses : 20.
Ce qui fait au total 149 cas.

Parmi les officiers hospitalisés, citons : 1 blessure du genou gauche, 1 plaie du cuir chevelu, 1 fracture ouverte de la cuisse, 1 blessure au cou, 1 balle dans le thorax, 1 balle dans la face, tous cas récents venant d'El-Arish.

Mortalité :

Cause du décès	*Nombre de décès en 1915*	*Nombre de décès en 1916*
Cas de chirurgie..........	30	17
Pleurésie................	2	5
Dysenterie...............	8	19
Typhoïde.................	1	1
Péricardite..............	1	2
Pneumonie................	3	11
Tuberculose pulmonaire...	—	26
Tuberculose intestinale....	—	21
Néphrite.................	—	5
Gangrène.................	—	1
Hépatite.................	—	1
Anémie pernicieuse........	—	1
Totaux.........	45	111

Les morts ont été inhumés au cimetière musulman, les honneurs militaires leur ont été rendus, les camarades valides ont assisté à la cérémonie.

5. Camp de la Citadelle du Caire

Visité le 3 janvier 1917

Ce camp occupe le curieux palais de Bijou-Palace, un des monuments de la citadelle, et il contient uniquement des femmes et enfants venant du Hedjaz et qui ont été capturés près de La Mecque.

Voici les dates d'arrivée :

1er convoi	123	femmes et enfants,	le	11	septembre	1916
2e »	66	» »	»	» 16	octobre	1916
3e »	26	» »	»	» 28	»	1916
4e »	82	» »	»	» 7	novembre	1916
5e »	132	» »	»	» 29	»	1916

Effectif. Au total, il y a 229 femmes et 207 enfants (dont 7 sont nés au camp), et l'on attend prochainement un nouveau convoi de 200 femmes.

L'infirmière en chef est Miss Lewis. C'est elle qui a la direction et la haute main dans ce camp, lequel, par sa nature même et la diversité des nationalités, classes et religions, demande beaucoup de patience, de doigté et de bonté, qualités que possède Miss Lewis au plus haut degré. Elle se voue entièrement, et avec beaucoup d'intelligence, à cette œuvre souvent bien ingrate, et nous sommes heureux de pouvoir lui apporter ici l'expression de notre admiration.

Les internées sont réparties en trois classes. La première classe comprend les femmes et enfants d'officiers, la deuxième, celles des sous-officiers, et la troisième, les femmes de soldats et les domestiques. Ces catégories ont été établies pour que les chambrées soient occupées par des personnes autant que possible de même condition sociale.

Logement. Le vaste ensemble de constructions qui [illegible] le nom de Saleh-el-Din (Saladin) comprend un grand nombre de salles dont les dimensions et l'ornementation curieuse contrastent étrangement avec leur destination actuelle de camp de concentration pour prisonniers civils. Des fenêtres de ces appartements, on a la vue du panorama du Caire avec ses mosquées, ses minarets et les lointains vaporeux du désert.

Les quarante salles habitées sont réparties en trois catégories, correspondant au classement social établi pour les internées.

Les salles et les corridors sont entièrement pavés de marbre, mais presque partout des nattes et même de beaux tapis donnent une impress on de confort. Les dimensions des pièces et le nombre restreint des occupants laissent une large place pour la circulation et les occupations. Des corridors et des vestibules relient les différentes parties des bâtiments. L'éclairage est au pétrole.

Un jardin assez grand est à la disposition des prisonnières, sans limitation de temps.

Couchage. Les lits sont en fer verni, et munis de sommiers, matelas, draps, couvertures et oreillers. On remarque dans leur arrangement l'influence du goût personnel. Dans quelques chambrées, les couvertures brodées, les étoffes et les tapis donnent à l'installation un aspect de confort et même d'élégance. L'administration militaire fournit tout le mobilier et la literie réglementaires, auxquels les internées peuvent ajouter à leurs frais et à leur gré d'autres objets.

Habillement. L'autorité anglaise fournit aux femmes et aux enfants tout le linge et les vêtements.

Alimentation. L'alimentation est une entreprise privée, liée par un contrat. La nourriture est la même pour toutes les classes. La quantité n'est soumise à aucune limitation. On donne aux internées autant de chaque mets qu'elles en désirent. Aucune plainte n'a été portée sur l'alimentation qui est saine et agréable au goût. Nous avons visité la cuisine et goûté le menu du jour. Les enfants reçoivent du lait en large quantité. Les repas sont servis dans trois réfectoires proprement installés.

Les heures des repas sont :

de 7 ½ à 8 ½ déjeûner,
de 12 ½ à 1 ½ lunch,
de 5 ½ à 6 ½ souper.

Hygiène. L'eau vient de la canalisation de la ville. Des lavabos sont installés dans les corridors à proximité des chambrées. Les internées peuvent utiliser chaque jour les douches chaudes et froides. Pour la lessive, les internées de première classe la font faire par leurs domestiques ou par celles de troisième classe, qu'elles payent pour cela.

Les W.-C. sont des tinettes mobiles à la turque contenant une solution de crésol. Chaque jour un entrepreneur les fait vider dans les puits de la Citadelle, qui communiquent avec l'égout central de la ville du Caire.

Soins médicaux et maladies. Le médecin-chef, capitaine Seringour, vient chaque jour au camp ; en outre un médecin grec vient quatre fois par semaine faire la visite, qui a lieu à 9 heures du matin. Ces deux médecins parlent couramment le turc et l'arabe. Trois gardes-malades et une sage-femme anglaise assurent le service de l'infirmerie. Les musulmans ayant généralement de très bonnes dents, les services du dentiste sont peu réclamés.

L'infirmerie est bien comprise; elle se divise en une salle de visite avec un lit d'examen, une salle de pansements et une chambre de malades.

Dans le registre de l'infirmerie, on note le nom, la maladie, le traitement et l'évolution de la maladie.

Au début de l'internement, une centaine de prisonnières se portaient malades chaque matin; beaucoup avaient souffert des privations avant leur captivité. Actuellement 5 à 10 malades se présentent à la visite médicale; ce sont des cas bénins, le plus souvent des bronchites, des constipations, des diarrhées, des conjonctivites chez les femmes et les enfants, et quelques cas d'affections cardiaques et de bronchites chroniques chez les vieillards.

Il n'y a eu au camp ni malaria, ni dysenterie, ni typhus, en résumé aucune maladie épidémique. Nous avons relevé un cas de tuberculose au début, sans bacilles de Koch dans l'expectoration.

Il y avait à l'infirmerie le jour de notre visite 5 malades alitées ou accroupies à la mode orientale sur leurs lits, 1 paralysie sénile, 2 bronchites, 1 otite et 1 débilité générale.

Maternité. Les accouchements n'étant pas rares, il a fallu installer une maternité. Il y a eu 5 naissances pendant les trois derniers mois de 1916. Il y avait deux nouvelles accouchées le jour de notre passage au camp; les mères et les enfants se portaient bien.

Mortalité. Il y a eu jusqu'à ce jour, au camp de la Citadelle, un décès, celui d'un enfant né avant terme et mort à l'âge de 18 jours, suite de débilité.

Instruction. Une école a été fondée dans le camp, et tous les garçons ainsi que les filles jusqu'à l'âge de 12 ans sont tenus de la fréquenter. Une maîtresse leur enseigne le turc et l'arabe et leur donne en outre une demi-heure d'anglais par jour.

Service religieux. L'iman (prêtre) est venu une fois pour célébrer le culte musulman. Les internées n'ont pas exprimé le désir de voir sa visite se répéter ; par contre une vieille femme, choisie parmi les internées, lit le Coran les jours de fête.

Distractions intellectuelles. Les femmes internées ne montrent aucun besoin, ni aucun désir à cet égard. Leur journée se passe à causer et à fumer.

Un gramophone a été fourni au camp.

Travaux. Le travail est absolument volontaire ; l'infirmière en chef a organisé un petit atelier de couture, la femme de l'ancien président, Sir Mc. Mahon, lui ayant donné 10 Lst. pour l'achat des matériaux nécessaires. Le produit éventuel du travail sera remis intégralement à celles des internées qui auront travaillé, mais, comme la plupart de ces femmes ont de l'argent en suffisance, elles font preuve de peu d'activité.

Mandats. Beaucoup d'internées avaient de l'argent sur elles et même souvent d'assez fortes sommes au moment de leur capture ; cet argent leur a été laissé intégralement en mains ; elles envoient souvent par l'entremise des officiers anglais de l'argent à leurs maris qui se trouvent pour la plupart prisonniers au camp de Maadi, ou à Sidi Bish près d'Alexandrie. D'autres reçoivent par contre de l'argent de leurs maris. Quelques mandats sont aussi arrivés par l'entremise du Comité international de la Croix-Rouge.

Correspondance. Chaque internée a la faculté d'écrire une fois par semaine ; celles qui ne savent pas écrire recourent à l'aide de leurs compagnes. Un interprète est attaché au camp. Beaucoup de lettres arrivent par l'entremise du Comité international de la Croix-Rouge, mais en général l'échange de correspondance n'est pas très actif.

Désiderata des internées. Les internées ont exprimé le

désir de voir leurs maris plus souvent, au moins une fois par mois, d'autres voudraient voir leurs fils ou leurs frères prisonniers à Maadi ou à Sidi Bish. Ce désir étant légitime et compréhensible, le Gouvernement anglais a déjà plusieurs fois autorisé les maris à venir depuis le camp de Maadi ou de Sidi Bish (à 4 heures de chemin de fer) passer 3 ou 4 jours avec leurs femmes à la Citadelle, où l'on a même réservé un appartement avec 12 pièces pour ces visites. Il est évident cependant qu'il serait impossible d'accorder plus souvent de pareilles autorisations, qui entraînent des frais assez considérables et demandent tout un service de surveillance et d'organisation.

Rapatriement. Quelques internées demandent à être renvoyées en Turquie, ce que le Gouvernement anglais a déjà proposé de faire. Plusieurs par contre préfèrent rester au Caire. Le chargé d'affaires américain en Egypte, M. Knabenschuh, s'est occupé de cette question. Il a visité à plusieurs reprises les internées, et a transmis à la Sublime Porte différentes propositions du Gouvernement anglais. La première offre consistait à rapatrier par un bateau américain au port de Mersina en Asie Mineure, les femmes et les enfants internés ; la deuxième, de les renvoyer en Turquie par un bateau-hôpital anglais, qui aurait en même temps apporté des médicaments, des vivres et des vêtements pour les prisonniers anglais en Asie Mineure, et ramènerait environ 25 dames anglaises faites prisonnières en Mésopotamie. En dernier lieu, le Gouvernement anglais a proposé de rapatrier les internées turques sans condition de réciprocité. Malheureusement jusqu'à présent, toutes ces propositions sont restées sans résultat. Le Gouvernement anglais désire sincèrement être déchargé de l'entretien et de la surveillance de ces internées, dont il a pris la charge pour des raisons d'humanité.

Enquête spéciale au camp de la Citadelle

Pendant notre visite au camp de Maadi, le docteur Suleïman Bey, médecin en chef à Taïf, ville du Hedjaz, nous a déclaré que personnellement il n'avait pas à se plaindre du traitement du camp, mais que sa femme et ses enfants, internés à la citadelle du Caire, souffraient beaucoup des conditions de leur régime. Ses réclamations portaient surtout sur l'alimentation et les soins médicaux. Les faits, allégués d'une manière très précise, nous parurent mériter une enquête spéciale et dès le lendemain, nous nous sommes rendus de nouveau à la citadelle. Nous avons interrogé librement et longuement Mme S. ainsi qu'une autre des internées. Les réponses de cette dame, ainsi recueillies et confrontées avec les données officielles, nos observations personnelles et le témoignage des autres internées nous ont absolument convaincus que les accusations portées par le Dr Suleïman ne reposaient sur aucune base véridique. Mme S. nous a affirmé qu'on ne donne que trois fois de la viande par semaine. Nous avons eu la preuve que la viande est servie six fois par semaine, par ration d'un quart de livre anglaise par personne. Après nous avoir dit que le fromage et les olives étaient de mauvaise qualité, elle a fini par dire qu'elle trouvait seulement le fromage trop salé et les olives monotones. Mme S., qui achète à la cantine du café, des biscuits, des fruits et des bonbons ne veut pas toucher au pain ordinaire qu'elle ne trouve pas assez bon. Ce pain provient de la meilleure boulangerie du Caire, est servi frais deux fois par jour et fourni à discrétion aux internées. Mme S. dispose d'assez d'argent, soit pour acheter à la cantine, soit pour faire venir de la ville tous les mets qu'elle désire. Ses compagnes, moins riches et moins difficiles, trouvent excellente et abondante l'alimentation fournie par la cuisine du camp.

Le Dr Suleïman Bey s'étant plaint que ses deux enfants malades, internés à la Citadelle avec leur mère, ne recevaient aucun soin médical, le Dr Blanchod a examiné ces deux enfants. L'un souffrait à son arrivée au camp d'une conjonctivite, actuellement complètement guérie, il ne reste plus trace de photophobie, de rougeurs ou d'œdème ; l'autre souffrait de glandes sous-maxillaires, ces glandes sont minimes et sans gravité.

Ces deux enfants ont reçu des soins constants du Dr capitaine Scrimgour, leurs noms sont inscrits de multiples fois dans le registre d'infirmerie, leur mère a reconnu elle-même les bons traitements qui leur ont été prodigués.

Les plaintes du Dr Suleïman bey sont donc également inexactes sur ce point.

6. Camp de Ras-El-Tin

Visité le 5 janvier 1917

Ce camp d'internés civils se trouve à 5 kilomètres d'Alexandrie, sur une petite élévation au bord de la mer.

Le camp contient : 45 civils ottomans mobilisables et 24 non mobilisables ; ces derniers sont tous des hommes âgés, ou ayant été exemptés du service militaire pour cause de maladie ; il y a un prêtre (imam). Nous avons également trouvé à Ras-el-Tin 400 internés austro-allemands ; beaucoup d'entre eux se trouvaient en Egypte au moment de la déclaration de guerre et ne purent rejoindre leur patrie.

Quoique notre mission fut de visiter les prisonniers turcs, nous nous sommes fait un devoir de nous occuper également des Allemands et des Autrichiens et de nous entretenir avec eux.

Plusieurs prisonniers ottomans du camp étaient en pèlerinage à la Mecque lorsqu'ils ont été capturés par les troupes du chérif ; celui-ci les remit aux autorités anglaises qui les ont internés. Le camp de Ras-el-Tin va être évacué dans quelques jours ; tous les occupants seront transférés au camp de Sidi Bishr, aménagé pour recevoir 5,000 hommes ; il y aura dans ce camp une section spéciale pour les civils

Le commandant de Ras-el-Tin est le major F.-G. Owens, qui s'occupe avec grand intérêt de ses prisonniers : il reçoit chaque jour personnellement tout interné qui aurait un désir ou une plainte à formuler.

Le camp a été visité en 1916 par le consul américain d'Alexandrie, ainsi que par le chargé d'affaires américain à Athènes.

Logement. Les internés civils du camp de Ras-el-Tin sont installés sous des tentes. Ces tentes en double toile et de forme circulaire, dressées soit sur le sable, soit sur un socle de ciment, contiennent chacune trois hommes. Celles des prisonniers ottomans sont groupées dans une section qui contient 24 tentes. Au centre de chaque tente se trouve une armoire grillagée servant à contenir les effets personnels. L'espace intérieur de la tente est très suffisant pour les trois lits. Quelques prisonniers se sont pourvus de nattes et de petits tapis.

Dans les bâtiments en pierre qui encadrent la cour, sont réservées un certain nombre de pièces donnant sur une vérandah, et contenant chacune trois lits. Ces chambres confortablement aménagées sont assignées à des prisonniers âgés ou de santé débile. Le reste des bâtiments du camp est occupé par des locaux d'administration, par les cuisines, réfectoires, cantines, etc. La garde anglaise loge sous des tentes dans un secteur spécial. Le camp est éclairé à l'électricité.

Couchage. Les lits sont en fer et munis d'un sommier métallique, d'un matelas en crin végétal et de couvertures en nombre suffisant. Toute la literie est tenue très proprement.

Alimentation. La nourriture est fournie par une entreprise privée, liée par contrat. Un comité présidé par le commandant du camp, et composé de délégués des prisonniers, établit les menus de chaque semaine. La cuisine est très propre et le personnel n'est pas pris parmi les prisonniers.

Voici le menu du vendredi 5 janvier 1917, jour de notre visite :

Déjeuner : Porridge - Lait - Chocolat - Beurre - Pain.

Lunch : Soupe aux haricots - Ragoût de bœuf, aux pommes de terre.

Dîner : Soupe au riz - Viande hâchée (moussaka), avec légumes - Œufs - Thé. — —

Le menu des prisonniers est allongé le jeudi et le dimanche, par une viande supplémentaire et du gâteau. Nous avons examiné, à la cuisine, les plats du jour et nous les avons trouvé sains et appétissants.

Lorsque le menu comporte du porc, ce qui n'est pas fréquent, cette viande est remplacée, pour les Ottomans, par des œufs et du légume.

Une seconde cuisine, installée dans une pièce séparée, prépare un menu spécial, que les prisonniers peuvent se procurer contre payement. C'est sur une autorisation du commandant du camp que cette cuisine réservée a été admise à fonctionner pour les prisonniers qui disposent de ressources financières.

Voici le menu-extra du 5 janvier 1917 :

Déjeûner : Gnocchi à l'Italienne - Veau rôti - Salade et courgettes.

Dîner : Potage « Parmentier » - Coquilles de poisson - Bœuf braisé aux choux.

Les repas ont lieu à :
Déjeuner.... 7 ½ heures.
Lunch....... 1 heure.
Dîner........ 5 ½ heures.

Trois cantines fournissent aux prisonniers des denrées de toute espèce : jambon, saucisses, conserves, gâteaux, chocolat, fruits, vin, bière, etc. Les prix sont exactement ceux des cantines pour les militaires anglais. Une boutique, tenue par un négociant bulgare, est installée pour la vente du tabac, des cigares et des cigarettes. En outre, un Viennois fabrique, dans le camp même, des cigarettes. Le commandant a fait à ses frais, le jour de Noël, une abondante distribution de cigarettes à tous les internés. Ceux-ci peuvent aussi se procurer, au bar, du thé, du café et autres boissons. En résumé, nous nous sommes assurés que l'administration du camp a organisé le service d'alimentation de manière à répondre à tous les besoins.

Habillement. Les internés sont arrivés au camp avec leurs propres vêtements. Dès que ceux-ci sont détériorés, l'administration fournit un nouvel équipement qui se compose de deux chemises de flanelle, de deux caleçons en tricot, d'une veste et d'un pantalon de drap bleu, d'un pardessus, d'un bonnet de police ou d'un fez pour les Ottomans, de chaussettes et de souliers. Les musulmans reçoivent des babouches. Tous les prisonniers touchent une cravate rouge et deux mouchoirs. Un magasin, fort bien fourni, vend à des prix modérés de la lingerie, des objets d'équipement, de la parfumerie, des cartes postales et des montres.

Hygiène. L'eau potable, abondante et saine, vient de la canalisation de la ville d'Alexandrie. Outre les lavabos pour la toilette, il y a 4 baignoires à eau chaude et des douches froides qui fonctionnent toute la journée. Les prisonniers vont par groupe se baigner à la mer, à proximité du camp, sous la surveillance des soldats anglais.

Les prisonniers font leur lessive ; des lavoirs nombreux sont destinés à cet usage.

Les W. C. sont en partie du système à l'anglaise, en partie du système à la turque, 1 pour 10 hommes, proprement tenus ; ils sont désinfectés chaque jour ; le sol et la partie inférieure des locaux sont passés au crésol ; la partie supérieure est badigeonnée à la chaux ; les égoûts se jettent dans la mer. Les balayures sont brûlées dans un four spécial.

Soins médicaux. Le service sanitaire du camp est inspecté régulièrement par le colonel, médecin-directeur de l'hôpital N° 21 d'Alexandrie ; le capitaine médecin Dunne habite le camp ; il fait la visite médicale chaque matin à 9 heures. 8 à 10 prisonniers de l'effectif total du camp demandent à être examinés chaque jour ; parmi eux, il y a 1 à 2 Ottomans.

Un interné civil turc, Abrahim Assan, de son métier employé dans une manufacture de Constantinople et parlant parfaitement l'anglais et le français, sert d'infirmier-interprète.

Un infirmier de la Croix-Rouge anglaise assiste le médecin. Un dentiste autrichien, anciennement établi au Caire, donne aux prisonniers du camp les soins dentaires ; il est muni de tout son outillage...

L'infirmerie est bien aménagée dans un bâtiment en maçonnerie ; elle comprend la salle de visites, munie d'un lavabo à eau courante, une salle de malades avec 6 lits de fer, matelas et couvertures à discrétion, un local d'isolement et un local de pharmacie.

On ne garde à l'infirmerie que les cas légers; les cas graves sont évacués sur l'hôpital N° 21 à Alexandrie, situé à 10 minutes du camp, grand hôpital moderne donnant sur la mer.

Il y avait, le jour de notre visite à l'infirmerie : 1 prisonnier malade d'une bronchite, 2 prisonniers à l'hôpital, 1 tuberculeux et 1 blessé au coude.

L'état sanitaire a toujours été excellent au camp; à part deux cas de récidives de dysenterie en 1916, il n'y a eu ni trachome, ni typhoïde, ni typhus, ni malaria, ni aucune autre maladie infectieuse. Cela s'explique par le fait que ces internés civils n'ont pas souffert avant leur captivité, comme les soldats qui avaient séjourné au désert et que nous avons vus dans les autres camps d'Egypte.

Il n'y a pas eu de mort au camp ou à l'hôpital d'Alexandrie. L'infirmier Abrahim Hassan nous a déclaré spontanément que les malades reçoivent les soins les plus assidus et n'ont qu'à se louer du médecin du camp.

Culte et distractions. Les prisonniers font leurs prières journalières. Une mosquée sera construite pour eux dans le nouveau camp de Sidi-Bisch.

Le culte catholique est assuré par plusieurs prêtres autrichiens, qui dirigeaient des écoles confessionnelles dans la Haute-Egypte.

Pour les Allemands et les Autrichiens, il existe une bonne bibliothèque circulante contenant des livres anglais, français et allemands.

Les prisonniers ont constitué un orchestre et organisé des représentations théâtrales, pour lesquelles ils ont brossé de jolis décors.

Un cinématographe donne des séances tous les soirs. Il y un piano et un harmonium. Un photographe, établi avant la guerre au Caire, pratique son art dans le camp.

Sanctions disciplinaires. Les cas, du reste très rares, d'indiscipline, entraînent une détention d'un ou de plusieurs jours dans la salle de police, avec régime spécial de nourriture. Les autorités militaires nous ont déclaré être satisfaites de la conduite des internés.

Promenade et sports. Les prisonniers ont à leur disposition, à part l'espace compris entre les tentes et les baraquements, un grand terrain où ils peuvent, pendant le jour, faire sans limitation de temps du foot-ball et du footing.

Un tennis est à la disposition des prisonniers; les Austro-Allemands l'utilisent plus que les Ottomans ; un comité de prisonniers règle les heures de jeux pour les différentes séries de joueurs. Le jeu de quilles est très fréquenté. Un cours d'escrime est bien suivi également, l'officier anglais qui le donne se dit enchanté des progrès de ses élèves. Les leçons de gymnastique, comme les autres sports, sont facultatifs.

Périodiquement, on organise au camp des gymkana avec courses d'ânes, concours de gymnastique et distribution de prix.

Travaux. Aucun travail n'est demandé aux prisonniers.

Correspondance, mandats et colis. Les mandats arrivent, mais assez rarement. Les Turcs internés sont, pour une bonne part, illettrés ; ceux qui ont leurs femmes internées au Caire et qui ont eu l'autorisation d'aller les voir, écrivent rarement, puisqu'ils les savent bien traitées.

Il est arrivé fort peu de colis au camp et jusqu'ici aucune œuvre philanthropique ne s'est occupée des nécessiteux.

Secours aux prisonniers. La seule plainte qui nous a été adressée par l'entremise de l'interprète ottoman, qui parle très bien le français et l'anglais, est celle d'un certain nombre de prisonniers dépourvus de ressources. Ils voudraient avoir, en plus de l'habillement complet avec paletot de laine fourni par le Gouvernement anglais, quelques vêtements chauds de rechange, qu'ils n'ont pas les moyens d'acheter comme d'autres plus aisés. Beaucoup ont de la peine à s'habituer u genre de chaussures employées dans le pays, c'est-à-dire aux babouches en cuir sans talon, et voudraient avoir des bottines comme ils les portent chez eux. Nous avons demandé à l'interprète de dresser une liste nominative des nécessiteux ; après l'avoir soumise pour vérification au commandant du camp, nous avons décidé de lui remettre, de la part du Croissant-Rouge ottoman, la somme de deux mille francs pour acheter pour ces prisonniers le compléemnt d'habits qu'ils désirent, ainsi que des bottines et du tabac.

7. Camp de Sidi Bishr

Visité le 6 janvier 1917.

Le camp de Sidi Bishr est situé à 15 kilomètres au Nord-Est d'Alexandrie, dans un endroit sain, sur les dunes formant de petits monticules entrecoupés de vallonnements, au bord de la mer; il est parsemé de palmiers et exposé à la brise fraîche venant du large ; la vue, des points les plus élevés du camp, est assez étendue. Une route carrossable construite récemment mène au camp ; toutes les installations du camp donnent l'impression que rien n'a été négligé pour que les prisonniers se trouvent dans les meilleures conditions possibles. Un jardin potager vient d'être aménagé dans un endroit abrité ; un terrain plat entouré de palmiers est préparé pour les jeux, tennis, foot-ball, etc.

Effectif. Il y a au camp de Sidi-Bishr :

430 officiers, dont 60 sont ici depuis février 1915,
410 ordonnances capturées avec leurs officiers et qui font leur service, chaque officier ayant une ordonnance,
10 imams (prêtres),
20 civils qui ont été capturés par le chérif de la Mecque et remis ensuite aux Anglais.

Le commandant du camp est le lieutenant-colonel Coates. Le chargé d'affaires américain en Egypte a visité le camp deux fois.

Logement. L'installation du camp de Sidi-Bish n'étant pas entièrement terminée lors de notre visite, nous avons trouvé un certain nombre de bâtiments en voie d'achèvement. Mais les logements des officiers étaient prêts et ne manquaient de rien, sauf de quelques meubles qu'on était en train de transporter. Les baraques, longues de 25 mètres et larges de 8 mètres, se composent d'une solide ferme en bois et de parois formées soit de planches, soit de plaques de ciment, fabriquées dans le camp par des ouvriers indigènes. Un corridor d'environ 1 mètre 75 de largeur longe le grand côté du bâtiment et donne accès dans les chambres. Celles-ci ont généralement 3 mètres 50 sur 4 mètres, le plafond étant à 4 mètres au-dessus du plancher de bois. Toutes les parois intérieures sont passées à la chaux. Chaque pièce est pourvue de deux fenêtres vitrées et garnies de toile métallique contre les insectes. Chaque chambre est munie d'un vasistas. Des cheminées s'ouvrent sur le toit, qui est en planches revêtues de papier goudronné.

D'après le règlement, le nombre des occupants de chaque chambre est fixé par leur grade. Les officiers jusqu'au grade de capitaine sont logés par quatre dans la chambrée ; les capitaines par trois, les colonels par deux. Quelques officiers supérieurs ont chacun une chambre séparée. Les ordonnances sont logées à part. Tous les bâtiments sont éclairés à l'électricité, qui est fournie par les machines installées au camp.

Couchage. Des lits en fer à sommier métallique, des matelas bourrés de crin végétal, des oreillers, des couvertures en nombre suffisant constituent le matériel du couchage, auquel beaucoup d'officiers ont ajouté des tapis et des tentures. Le reste du mobilier est convenable. On voit un peu partout des chaises longues.

Alimentation. La nourriture des officiers est fournie par un entrepreneur. Un officier, désigné par ses camarades, est chargé d'établir les menus et d'en surveiller l'exécution. Aucune limitation n'est apportée au choix et à la quantité des mets. Le prix de la nourriture est fixé à 10 piastres par jour (2 fr. 50) y compris le thé, le café, le sucre, les confitures, etc. Les officiers peuvent se procurer à la cantine ou faire venir de la ville tous les suppléments qu'ils désirent, sauf l'alcool qui est interdit. La viande est contrôlée en ville par le vétérinaire du service d'hygiène. Le pain est particulièrement bon. Les officiers reçoivent du pain européen, les ordonnances du pain indigène. Nous avons goûté le menu du jour. Aucune plainte ne nous est parvenue au sujet de l'alimentation au camp. Les officiers ottomans disposent de deux réfectoires contenant chacun 150 places. Les tables sont couvertes de nappes, la vaisselle et les couverts sont convenables.

La cuisine des ordonnances est suffisante et saine.

Habillement. Les officiers ottomans sont chaudement et convenablement vêtus. Ils peuvent se procurer tous les effets d'habillement désirables. La plupart d'entre eux portent le costume civil avec fez. Un fournisseur d'Alexandrie vient au camp pour prendre les commandes des officiers relatives à leur équipement.

Passant en revue les ordonnances, nous avons entendu quelques-uns d'entre eux se plaindre de manquer de linge et en particulier de caleçons. Etonnés de ce fait, nous avons procédé à une enquête immédiate qui nous a donné les résultats suivants : les ordonnances ont tous touché leur linge réglementaire, et ont signé le récépissé sur un registre ad hoc. Un certain nombre d'entre eux ont vendu à des officiers les effets qu'ils avaient reçus. Ce sont ceux-là qui se plaignaient de manquer de linge.

Hygiène. L'eau potable abondante et saine est amenée de la canalisation de la ville. L'eau de toilette arrive sur des lavabos en ciment par de multiples robinets. Les eaux des lavabos et des cuisines sont évacuées dans un lac à quelque distance du camp.

Le matin, les officiers prennent leur bain ou leurs douches; près de chaque baraquement il y a à cet effet des installations, séparées les unes des autres par des parois de jonc tressé.

Le linge des officiers est lavé par leurs ordonnances sur des lavoirs en ciment et en bois très pratiques.

Il y a 44 cabinets à la turque, cimentés et à bonne distance des logements. Ils sont placés sur des puits perdus de 18 pieds de profonfondeur, désinfectés chaque jour à la chaux et au crésol. Ils ne donnent aucune odeur dans le camp.

Soins médicaux. Le service de santé du camp de Sidi-Bishr est assuré par le capitaine médecin anglais Gillespie, assisté d'un médecin arménien, avant la guerre praticien à Aleppo en Turquie.

Ces deux médecins parlent l'arabe et le turc.

Un caporal anglais et 5 infirmiers anglais donnent les soins aux malades.

21 infirmiers égyptiens font le service d'hygiène du camp; les cas sérieux sont envoyés à l'hôpital anglais à Alexandrie. Un médecin-major turc, le Dr Ibrahim, interné au camp, assiste, à l'hôpital, aux opérations qui sont pratiquées sur des camarades ottomans. Il nous a déclaré son entière satisfaction des soins qui leur sont donnés.

L'infirmerie contient 12 lits métalliques, avec matelas et couvertures de laine. La salle de visite est bien aménagée, les armoires sont abondamment pourvues de médicaments. Un baraquement spécialement isolé est destiné aux cas infectieux éventuels. Une installation de bains est annexée à l'infirmerie et réservée aux malades. Une cuisine sert à faire les régimes spéciaux.

Les officiers souffrant des dents sont envoyés chez un dentiste d'Alexandrie.

Un autoclave permet la stérilisation des vêtements et des couvertures des prisonniers.

Tous les nouveaux arrivants passent 14 jours de quarantaine dans un quartier spécial, situé sur une des ailes du camp. Ils n'entrent en relation avec leurs camarades que lorsqu'on est sûr qu'ils ne sont pas atteints d'une maladie contagieuse. Il y a en ce moment 36 officiers et 34 ordonnances en quarantaine.

Maladies et mortalité. Tous les officiers prisonniers à Sidi Bishr ayant été vaccinés contre la variole, la typhoïde et le choléra, il n'y a pas eu d'épidémies dans le camp. Trois à cinq officiers se présentent chaque matin à la visite du médecin. Il y a en moyenne 6 accès légers de malaria par semaine, 3 à 5 cas de dysenterie bacillaire par mois, traités au sérum; 1 cas de dysenterie plus sérieux a été évacué sur l'hôpital anglais d'Alexandrie. En été, il y eu quelques cas de diarrhée sans gravité. Il y a 3 cas de trachomes parmi les ordonnances d'officiers. Quatre tuberculeux, venant du

Hedjas, ont été envoyés à l'hôpital sans avoir séjourné au camp; deux sont morts après 20 et 30 jours de traitement. Il y a en ce moment à l'infirmerie de Sidi Bishr :

1 officier blessé au pied, 1 souffrant de pharyngite et 1 présentant ½ ‰ d'albumine.

Quelques officiers ottomans sont des blessés de guerre :

1 amputé de la cuisse est pourvu d'un bon appareil de prothèse; 1 fracture de deux os de l'avant-bras, opéré quatre fois, est actuellement en très bonne voie de guérison.

1 hémiplégique après enfoncement de la boîte crânienne reprend des mouvements et marche avec des béquilles.

1 autre officier boiteux est atteint de section d'un tronc nerveux de la jambe.

Salik Sidki, juge à La Mecque, a tenu à nous remettre une adresse de remerciement pour les autorités anglaises, en reconnaissance des bons soins qu'il reçut à l'hôpital où il subit l'opération de la gastro-entérostomie pour une affection chronique du pylore.

Désidérata des prisonniers. Quelques officiers se sont plaints de n'être pas autorisés à se rendre à Alexandrie pour faire leurs achats, mais vu les circonstances cette demande n'a pas pu être accordée. Un certain nombre d'officiers par contre ont obtenu l'autorisation d'aller au Caire et de passer plusieurs jours avec leurs femmes internées à la Citadelle; il est évident que cette faculté est accordée à titre exceptionnel et ne peut devenir régulière; il est impossible de l'étendre également aux fils, frères et autres parents comme quelques prisonniers le demandent.

Il a été proposé aux officiers d'aller se promener chaque matin, pendant deux heures, par groupe de 20 personnes en dehors du camp, sous la surveillance d'un soldat non armé, à condition qu'ils donnent leur parole de ne pas s'échapper. Ils ont refusé de donner leur parole et déclarent que cette mesure conditionnelle ne constitue pas un privilège; ils peuvent par contre se promener librement à l'intérieur des limites du camp, qui est très étendu.

Nous avons entendu quelques plaintes au sujet de l'eau de pluie qui a pénétré récemment dans les baraquements.

La rareté extrême de ce fait lui enlève toute importance,

Solde. La solde des officiers est fixée par le War Office. Actuellement les lieutenants touchent 5 francs par jour, les capitaines fr. 5.75, les officiers supérieurs en proportion de leur grade.

Les ordonnances étant de simples soldats ne sont pas payées. Quelqu'uns sont indemnisés par leurs officiers, d'autres ne reçoivent rien. La plupart ont quelque argent, nous avons néanmoins décidé de laisser 20 livres sterlings au commandant du camp pour les menus besoins de soldats nécessiteux.

Correspondance. Les prisonniers peuvent écrire aussi souvent qu'ils le désirent; ils se servent toutefois rarement de cette faculté et reçoivent en général peu de lettres; celles-ci mettent 40 à 45 jours pour leur parvenir. Peu de mandats sont arrivés au camp.

Culte et distractions. Les prisonniers ont toute faculté de célébrer leur culte d'après leur rite ; les imans utilisent un bâtiment aménagé en mosquée avec éclairage électrique ; il y a une mosquée par enceinte du camp.

Il y a une quarantaine d'instruments de musique au camp ; on a loué un piano pour les officiers.

Les prisonniers jouent au foot-ball, au tennis, aux cartes et aux échecs ; beaucoup se distraient par la lecture.

8. Camp de Bilbeis

Visité le 16 janvier 1917

Le camp de Bilbeïs est situé à 65 kilomètres au Nord-Est du Caire, à la limite des terrains cultivés du Delta. Fondé depuis le mois d'août 1916, il contient 540 prisonniers de la provenance suivante :

Première section : 135 Bédouins de l'est, péninsule du Sinaï et civils venant d'El-Arish, 9 soldats arabes de l'armée ottomane, 5 soldats turcs de Syrie ; 30 Egyptiens.

Deuxième section : 175 Senoussis et soldats de la Tripolitaine ; 185 Bédouins de l'ouest et prisonniers civils de diverses nationalités.

Dans le nombre des prisonniers sont compris quelques jeunes garçons qui ont des parents parmi les internés. La caractéristique de ce camp est la diversité des nationalités qui y sont représentées. Bien que le nombre des Ottomans y soit restreint, nous avons jugé utile de visiter ce camp pour nous convaincre que le traitement des prisonniers est le même que dans les autres camps d'Egypte.

Le commandant du camp est le colonel Collins.

Le camp est entouré d'une clôture en fil de fer.

Les prisonniers sont logés sous des tentes, à raison de 8 hommes par tente. On aménage actuellement deux grandes baraques en charpente et en roseaux pouvant contenir chacune deux cent cinquante hommes. Leurs dimensions assurent une aération parfaite. Le sol sablonneux ne présente aucune trace d'humidité. Entre les tentes sont tracés de petits jardins où, grâce à l'eau abondante, les prisonniers font pousser des fleurs et des légumes.

Le camp est éclairé par des réverbères à pétrole.

Couchage. Nattes en jonc tressé. Trois couvertures par homme.

Promenade. Les dimensions du camp laissent de vastes espaces libres où les prisonniers peuvent se promener à leur gré.

Alimentation. La cuisine est faite par les prisonniers, avec les provisions fournies par l'administration. Les quantités sont les mêmes que dans les autres camps. Le menu se compose de : viande, pain, beurre, fromage, lentilles, légumes frais, oignons, riz, etc. Les prisonniers que nous avons interrogés, soit par l'organe d'un interprète, soit directement, nous ont déclaré être suffisamment nourris. Une petite cantine, installée sous une tente séparée, fournit à des prix modiques du thé, du sucre, et autres suppléments. Les prisonniers reçoivent régulièrement du tabac. Les hommes ont chacun une assiette et une jatte en fer émaillé et une cuillère.

Habillement. Les prisonniers ont tous reçu l'équipement

complet. Leurs habits sont propres et chauds. Le raccommodage du linge et des vêtements se fait par des tailleurs prisonniers travaillant sous une tente spéciale. La coiffure est le fez ou la calotte rouge.

Hygiène. L'eau potable est partout distribuée dans le camp par une canalisation, les robinets sont bien répartis, l'eau de toilette est abondamment distribuée aux lavabos, aux douches et aux baignoires.

Les prisonniers font leur lessive sur des lavoirs bien installés ; une étuve locomobile permet la désinfection hebdomadaire de tous les effets des prisonniers.

Les W.-C., du système à la turque, fonctionnent avec tinettes mobiles qu'on vide chaque jour par un « chadouf » et qu'on désinfecte au crésol et à la chaux. Il n'y a pas d'odeur dans le camp.

Soins médicaux. Les soins médicaux sont assurés par le Dr Ibrahim Zabaji, médecin réfugié syrien. Son travail est contrôlé deux fois par semaine par le colonel Dr Garnier ou le capitaine médecin Sehrimgour.

Il y a 3 infirmiers ottomans et 1 infirmier copte.

L'infirmerie est propre et bien comprise, elle est subdivisée en 4 locaux : chambre de visite, local de pharmacie, chambre de malades et local d'isolement.

Les lits sont en fer avec sommiers métalliques, les matelas sont bourrés de crin végétal, le nombre des couvertures n'est pas limité.

Tous les hommes ont été vaccinés contre la variole et le choléra. Sur les registres d'infirmerie, nous avons constaté que 30-40 hommes se présentent à la visite médicale chaque matin à 8 heures.

L'âge avancé de beaucoup de prisonniers souffrant d'affections chroniques explique ce nombre d'hommes à visiter.

Il y avait à l'infirmerie le jour de notre visite 8 malades : 3 cas de malaria, 3 cas de broncho-pneumonie et 2 cas de dysenterie amibienne.

Au moment de leur arrivée au camp, 25 hommes étaient atteints de malaria tierce, 15 sont guéris, 10 sont encore traités à la quinine, 7 étaient atteints de dysenterie amibienne, 5 sont aujourd'hui guéris.

Dix hommes souffraient de trachôme et sont encore traités au protargol.

Il n'y a eu ni fièvre typhoïde, ni typhus exanthématique, ni aucune autre épidémie au camp.

Les malades graves sont envoyés à l'hôpital égyptien de Zagazig, où ils sont soignés par des médecins indigènes. Il y a en ce moment à cet hôpital 4 prisonniers : 1 affection oculaire, 1 cas de tuberculose, 1 bronchite et 2 fiévreux en observation.

Depuis la fondation du camp, 6 prisonniers sont morts à l'hôpital, 1 de tumeur du cerveau, 2 d'entérite chronique, 1 de broncho-pneumonie, 1 de tuberculose et 1 d'obstruction intestinale. Les prisonniers décédés ont été ensevelis avec les honneurs militaires et selon le rite de leur religion.

Travaux. En dehors des corvées de quartier, il n'est demandé aux prisonniers que quelques légers travaux de jardinage à proximité du camp. Quelques internés confectionnent de petits ouvrages qui sont vendus à leur profit.

Correspondance. Le nombre des illettrés étant considérable (98 %), la correspondance est relativement restreinte ; les prisonniers sont autorisés à écrire une fois par semaine, et un certain nombre d'entre eux font écrire leurs lettres par leurs camarades plus instruits. Pour ceux qui appartiennent à des tribus nomades, les relations épistolaires sont pratiquement impossibles.

Culte. Sauf 1 Copte, tous les prisonniers sont mahométans. Il y a plusieurs imans parmi eux. Les exercices religieux sont pratiqués librement et régulièrement.

Discipline et état d'esprit. La discipline ne donne lieu à aucune plainte. Il n'y a pas eu de tentative d'évasion. Malgré les différences de races, les querelles sont peu fréquentes parmi les prisonniers, et l'autorité a recours très rarement aux sanctions disciplinaires. Nous avons parlé à un vieux cheikh infirme, qui est traité avec des égards particuliers et qui habite une tente à part. Il nous a dit être très satisfait de son traitement.

Conclusions

Le Comité international de la Croix-Rouge, à Genève, a organisé depuis le début de la guerre les visites aux camps de prisonniers de guerre et de prisonniers civils dans les différents pays belligérants.

Les membres de la mission envoyée en Egypte, MM. le Dr F. Blanchod, E. Schoch et F. Thormeyer, avaient déjà visité des camps en Allemagne, en France, au Maroc et en Russie. Ce fait leur permet de comparer avec ce qu'ils ont vu ailleurs le traitement des prisonniers en Egypte.

Nous exprimons aux autorités anglaises notre vive reconnaissance pour toutes les facilités qui nous ont été accordées pour l'accomplissement de notre mission.

Nous résumons ici l'ensemble des observations que nous avons faites.

Nous avons visité les camps de : Héliopolis, Maadi, la Citadelle du Caire, Ras-el-Tin, Sidi-Bishr et les hôpitaux d'Abbasiah et du Croissant-Rouge égyptien.

Les camps sont situés dans des localités salubres, et leurs dimensions sont largement suffisantes pour la population qu'ils contiennent. L'organisation du logement nous a paru entièrement conforme aux conditions du pays et du climat. Soit les baraques construites spécialement à l'usage des prisonniers, soit les bâtiments en pierre aménagés pour eux sont convenablement appropriés à ce but.

L'aération est partout suffisante. Les mesures de protection contre le froid, si difficiles à assurer dans d'autres pays, ne présentent ici aucune importance, étant donnée la douceur du climat. Les planchers et le sol en terre battue sont maintenus dans un état de propreté parfaite.

Le couchage pour les prisonniers de guerre (sous-officiers et soldats) se compose de nattes de roseaux tressés, auxquelles les prisonniers sont habitués dans leur propre pays. Ces nattes sont régulièrement nettoyées et changées en cas d'usure. Les officiers, les prisonniers civils et les malades disposent de lits de fer à sommier métallique et de matelas généralement garnis de crin végétal. Pour les hôpitaux et pour les officiers, on fournit en outre des draps et des oreillers.

Le nombre des couvertures attribuées à chaque prisonnier varie de 3 à 5, chiffre que nous n'avons vu atteint nulle part ailleurs.

En ce qui concerne l'habillement, les autorités militaires fournissent aux hommes tout ce qui leur est nécessaire : 2 paires de caleçons, 2 chemises de flanelle, 2 paires de chaussettes, une ceinture de laine, 1 cravate, 1 pantalon et une veste de drap bleu (ou beige) et un manteau. Tous ces vêtements sont chauds, propres et de bonne qualité. Tous les Ottomans portent la coiffure du modèle national (fez). Le port des décorations est autorisé sans aucune restriction. La date de notre visite ne nous a pas fourni l'occasion de voir les vêtements d'été, mais les prisonniers nous ont appris qu'ils touchent pendant la saison chaude des vêtements de toile bleue.

Les prisonniers civils dont les effets personnels étaient hors d'usage ont reçu l'équipement complet.

Les internées civiles sont décemment et suffisamment habillées.

Les officiers commandent à leurs frais leurs vêtements aux tailleurs de la ville.

Les soldats prisonniers portent tous des babouches à l'orientale ; les sous-officiers reçoivent des bottines montantes. L'administration des camps met à la disposition des hommes le nécessaire de raccommodage.

Partout, nous avons trouvé les prisonniers suffisamment et convenablement habillés. Leur situation de prisonniers de guerre n'est indiquée par aucune marque extérieure, sauf le port d'une médaille en métal sur la veste.

Nous pouvons affirmer que l'alimentation des prisonniers en Egypte ne laisse rien à désirer. Le fait que les prisonniers préparent eux-mêmes leurs aliments leur assure une cuisine conforme à leurs goûts et à leurs habitudes. Les quantités fournies sont établies sur des normes largement suffisantes. La qualité soit du pain, soit de la viande, soit des légumes, est excellente et régulièrement contrôlée.

L'alimentation des officiers est confiée à une entreprise privée. Ils commandent eux-mêmes leurs menus. Le prix de la pension est très modéré. Des cantines bien fournies permettent l'achat de suppléments à des prix contrôlés par l'autorité.

Dans les hôpitaux, les malades ont, sur prescription médicale, tous les régimes appropriés à leur état. Le lait qui leur est fourni est d'excellente qualité.

Le service d'hygiène est partout remarquablement organisé. L'eau potable et l'eau de toilette sont également abondantes. Les douches et les bains fonctionnent *ad libitum* dans chaque camp. Les installations pour la lessive du linge sont complètes.

Chaque camp est pourvu d'une étuve à désinfection. Le linge et les vêtements y sont stérilisés une fois par semaine. Il n'y a de vermine nulle part. Un soin spécial est apporté au nettoyage des prisonniers nouvellement arrivés du front. Le résultat de ces mesures et de la vaccination systématique est qu'aucune épidémie n'a sévi dans les camps.

Les latrines à la turque ou à l'anglaise sont en nombre suffisant, sans odeur et régulièrement désinfectées.

Dans chaque camp, les soins médicaux sont assurés par un corps médical anglais d'élite, assisté de médecins arméniens ou syriens ; les infirmiers tiennent les locaux dans un ordre strict. Les infirmeries sont spacieuses, claires, bien fournies en médicaments et en matériel de pansement.

Les soins dentaires, dont les Ottomans ont, du reste, rarement besoin, sont donnés par les dentistes des villes ou par des dentistes habitant le camp.

Les mutilés sont munis d'appareils de prothèse.

L'examen de tous les registres de malades des camps nous a convaincus du bon état sanitaire de leur population. Le petit nombre des malades et le caractère peu grave des affections corroborent ce que nous avons observé au point de vue de l'hygiène. La mortalité est minime.

Les prisonniers décédés sont ensevelis avec les honneurs militaires et selon les coutumes de leur religion.

L'espace aménagé dans les camps permet aux prisonniers de se livrer soit à la promenade, soit aux jeux sportifs.

L'autorité militaire anglaise n'a pas jugé bon d'astreindre les prisonniers au travail. En dehors des corvées de quartier, les prisonniers disposent entièrement de leur temps. Les plaintes si nombreuses que provoque dans d'autres pays le travail exigé sont, de ce fait, entièrement supprimées pour les prisonniers ottomans en Egypte.

Les cultes sont assurés par les imans (prêtres) et les prisonniers accomplissent en toute liberté leurs exercices religieux journaliers.

La correspondance est moins active qu'ailleurs par suite du grand nombre de prisonniers illettrés. A cause des grandes distances, les lettres mettent un temps assez long à parvenir. La censure est faite dans un esprit large et ne donne lieu à aucune récrimination. Les mandats envoyés de Turquie sont délivrés sans retenue de change. Le nombre en est restreint, ainsi que celui des paquets.

Les voies de fait et les punitions corporelles sont totalement inconnues dans les camps. Les peines disciplinaires dont l'application est très rare, consistent en arrêts dont la durée est fixée par l'autorité militaire. Nous avons été heureux d'apprendre que la discipline est excellente parmi les prisonniers ottomans. Leurs sous-officiers exercent une bonne influence. Nous avons été frappés de la tenue correcte des hommes et de leurs bonnes dispositions. Ils reconnaissent la bienveillance des autorités anglaises à leur égard.

En somme, notre conviction; basée sur un examen attentif de la situation, est que les inspecteurs, les commandants et les officiers des camps traitent les prisonniers avec humanité et font tous leurs efforts pour adoucir leur état.

Nous formons le vœu que la proposition faite par le Gouvernement anglais au sujet du rapatriement des internées civiles aboutisse prochainement, et nous souhaitons que cette mesure puisse s'étendre aussi aux prisonniers de guerre mutilés.

Le Caire, Janvier 1917.

Les délégués du Comité international de la Croix-Rouge :

Dr F. BLANCHOD. **F. THORMEYER.**

Emmanuel SCHOCH.

ANNEXES

I

Dépôt de prisonniers de guerre turcs

XVIme Région. Place de Béziers

TAUX DES RATIONS

Pain..........	700	grammes,	par jour.	
Viande........	250	»	»	(Travailleurs).
»	125	»	»	(Non travailleurs).
Légumes.......	500	»	»	
Café..........	16	»	»	
Sucre.........	21	»	»	
Graisse bœuf...	10	»	»	

MENU DE LA SEMAINE

Jours	*Matin*	*Soir*
Lundi.............	Macaroni Viande Pommes de terre.	Pois chiches Pommes de terre.
Mardi.............	Viande Riz Pommes de terre.	Haricots Pommes de terre.
Mercredi..........	Lentilles Viande Pommes de terre.	Lentilles Pommes de terre.
Jeudi.............	Macaroni Viande Pommes de terre	Riz Pommes de terre.
Vendredi..........	Lentilles Viande Pommes de terre.	Macaroni Pommes de terre.
Samedi............	Riz Viande Pommes de terre.	Haricots Pommes de terre.
Dimanche..........	Lentilles Viande Pommes de terre.	Haricots Pommes de terre.

II

Sommes remises aux prisonniers de guerre turcs en France pour le compte du Croissant-Rouge

Dépôt de Béziers (Hérault)	Fr.	50 —
Détachement Lamotte (Hérault)	»	20 —
» Mas du Ministre (Hérault)	»	20 —
» Pradelaine »	»	10 —
» Borgo (Corse)	»	100 —
» Ortale »	»	25 —
» Casabianda (Corse)	»	65 —
	Fr.	290 —

Les prisonniers en Corse et dans la région de Béziers (Hérault) ne sont pas indigents ; outre leur ration très suffisante, ils reçoivent 20 centimes par jour et souvent une prime supplémentaire de 20 centimes, qui leur sert à s'acheter du tabac. Ils reçoivent les vêtements, souliers, couvertures, etc. du dépôt. Néanmoins nous avons cru bien faire, uniquement pour marquer notre passage, de laisser à chaque dépôt ou détachement de travail que nous avons visité un franc par prisonnier, pour lui permettre de s'accorder un petit extra.

TABLE DES MATIÈRES